Fruta Fusion:
Një libër gatimi i gjallë për sallatë frutash

100 Eksploroni artin e krijimit të sallatave të frutave të freskëta dhe me shije

Besjana Qosja

© TË DREJTAT E AUTORIT 2023 TË GJITHA TË DREJTAT E REZERVUARA

Ky dokument synon të sigurojë informacion të saktë dhe të besueshëm në lidhje me temën dhe çështjen e mbuluar. Publikimi shitet me idenë se botuesit nuk i kërkohet të ofrojë shërbime kontabël, të lejuara zyrtarisht ose të kualifikuara ndryshe. Nëse këshilla është e nevojshme, ligjore apo profesionale, duhet të urdhërohet një individ i ushtruar në këtë profesion.

Në asnjë mënyrë nuk është e ligjshme riprodhimi, kopjimi ose transmetimi i ndonjë pjese të këtij dokumenti qoftë në mjete elektronike apo në format të printuar. Regjistrimi i këtij publikimi është rreptësisht i ndaluar dhe çdo ruajtje e këtij dokumenti nuk lejohet përveç nëse me leje me shkrim nga botuesi. Të gjitha të drejtat e rezervuara.

Paralajmërim Mohim përgjegjësie, informacioni në këtë libër është i vërtetë dhe i plotë sipas njohurive tona. I gjithë rekomandimi është bërë pa garanci nga ana e autorit ose botimit të tregimit. Autori dhe botuesi mohojnë dhe përgjegjësinë në lidhje me përdorimin e këtij informacioni

Tabela e Përmbajtjes

PREZANTIMI..8
RECETA E SALATËS SË FRUTAVE 10
   1. Sallatë frutash me kuskus me pulë................................10
   2. Sallatë frutash e vakët..12
   3. Sallatë frutash..14
   4. Sallatë frutash me asparagus jeshil..............................16
   5. Sallatë frutash me krem kokosi....................................19
   6. Sallatë frutash Simone..21
   7. Sallatë frutash me mjaltë...24
   8. Oriz me luleshtrydhe në sallatë frutash......................26
   9. Sallatë frutash me avokado dhe kos............................28
   10. Sallatë frutash me luleshtrydhe, pjepër dhe mocarela....30
   11. Sallatë frutash në një gotë me akullore dhe biskota........33
   12. Sallatë frutash me pjepër, boronica dhe djathë dele.......35
   13. Sallatë frutash me avokado, mjedra dhe arra...................37
   14. Sallatë frutash e pjekur në skarë me luleshtrydhe, ananas, fiq dhe grejpfrut..39
   15. Sallatë frutash të pjekur me një gotë............................42
   16. Sallatë frutash tropikale piña colada............................45
   17. Sallatë frutash të pjekura..48
   18. Sallatë frutash me çikore..50
   19. Sallatë kivi..53
   20. sallatë me petë me fruta...55

21. Sallatë kivi i artë me ananas dhe kos..................58
22. Popsicle me fruta..................60
23. Sallatë pomelo me mandarinë flambéed..................63
24. Tas i bërë nga brumi i biskotave..................66
25. Kroketa me gështenjë të ëmbël..................69
26. Sallatë frutash me krem vanilje dhe biskota ore..................72
27. Sallatë frutash me pije alkoolike..................74
28. Sallatë frutash me kanellë..................76
29. sallatë frutash..................78
30. Sallatë frutash ekzotike..................80
31. Sallatë frutash me akullore vanilje..................82
32. Sallatë frutash me shkelm..................85
33. Sallatë frutash me rrush të thatë rum..................87
34. Sallatë frutash me kapelë kos..................89
35. Sallatë frutash me kos..................91
36. Sallatë frutash me camembert..................92
37. Sallatë frutash me fara luledielli..................95
38. Sallatë frutash me salcë kosi..................98
39. Sallatë frutash me salcë kosi vanilje..................101
40. Sallatë frutash e shpejtë..................104
41. Sallatë me fruta tropikale dhe fruta me shkelm..................106
42. Sallatë frutash me ngjyra..................108
43. Krem kosi me gjizë me sallatë frutash..................110
44. Sallatë frutash pa sheqer..................113

45. Sallatë e thjeshtë frutash 115
46. Sallatë frutash vegane 117
47. Sallatë frutash të verdhë 119
48. Sallatë frutash me pjepër 121
49. Sallatë frutash kivi 123
50. Sallatë frutash me kumbulla dhe ananasi 125
51. Sallatë frutash me shegë 127
52. Sallatë frutash me arra 129
53. Koktej me fruta të freskëta 131
54. Sallatë frutash me nenexhik 133
55. Sallatë me shalqi dhe dardhë me karkaleca deti 135
56. Sallatë me portokall dhe kivi me akull 137
57. Komposto me vishnje 140
58. Ananasi me një goditje 142
59. Uthull lulesh 144
60. Puding soje me një sallatë frutash shumëngjyrëshe 146
61. Sallatë frutash me shalqi 148
62. Sallatë me dardhë dhe kumbulla 150
63. Sallatë frutash me dip kikiriku 152
64. Sallatë frutash kokosi me akull të grimcuar ... 154
65. Akullore me salce fasule dhe sallate frutash . 157
66. Sallatë me djathë-fruta 159
67. Sallatë frutash me salcë frutash 162
68. Sallatë frutash të pjekura me gratin të ftohtë 165

69. Sallatë frutash me quinoa krokante...................167

70. Sallatë frutash me shurup chachacha..................170

71. Sallatë frutash me salcë likeri........................173

72. Sallatë frutash mesdhetare...........................176

73. Waffles hikërror me sallatë frutash..................179

74. Muesli me një sallatë frutash ekzotike...............182

75. Sallatë frutash aziatike me petë qelqi...............185

76. Sallatë frutash pikante..............................187

77. Pjepër me lychees dhe ananas........................189

78. Sallatë me vezë dhe fruta...........................191

79. Sallatë me dardhë dhe rrush.........................193

80. Sallatë frutash me kampari..........................196

81. Salcë e ëmbël dhe e thartë..........................199

82. Kremi me vezë.......................................201

83. Parfe rrushi blu me portokall dhe sallatë rrushi....204

84. Terrine djathi me arra..............................207

85. Sallatë ndërmjetësi.................................209

86. Veshje franceze.....................................211

87. Sallatë me harengë frutash..........................214

88. Akullore me salce fasule dhe sallate frutash........217

89. Oriz luleshtrydhe në sallatë frutash................219

90. Sallatë frutash me avokado dhe kos..................221

91. sallatë e thjeshtë frutash..........................223

92. sallatë frutash tradicionale........................226

93. sallatë frutash kremoze..229

94. Sallatë frutash me qumësht të kondensuar....................232

95. Sallatë frutash me salcë kosi...235

96. Sallatë frutash që përputhet..238

97. Sallatë frutash gustator...240

98. Sallatë frutash me salcë kosi...243

99. Sallatë frutash me salcë kosi vanilje..............................246

100. Sallatë frutash e shpejtë..249

PËRFUNDIM..251

PREZANTIMI

Mirë se vini në "Fruta Fusion: A Vibrant Fruit Salad Cookbook". Ky koleksion i mrekullueshëm i recetave të sallatave të frutave do t'ju çojë në një udhëtim të këndshëm nëpër botën e shijeve të freskëta dhe shumëngjyrëshe. Sallatat e frutave janë një festë e bujarisë së natyrës, duke bashkuar një përzierje frutash të shijshme për të krijuar pjata freskuese, të shëndetshme dhe tërheqëse vizualisht.

Pavarësisht nëse jeni një entuziast me përvojë i frutave ose dikush që kërkon të përfshijë më shumë produkte të freskëta në dietën tuaj, ky libër gatimi ofron një sërë recetash që i përshtaten çdo shijeje dhe rasti. Sallatat e frutave nuk janë vetëm të shijshme, por edhe tepër të gjithanshme. Nga kombinimet e lehta dhe të shijshme të agrumeve deri te përzierjet e shijshme të manave dhe përzierjet ekzotike tropikale, ka një sallatë frutash për çdo humor dhe stinë.

Në "Fruta Fusion", ne do të eksplorojmë artin e kombinimit të frutave, eksperimentimin me veshjet dhe mbushjet dhe krijimin e prezantimeve mahnitëse që do t'i bëjnë sallatat tuaja frutash yllin e çdo mbledhjeje. Bëhuni gati për të përqafuar ngjyrat e gjalla, teksturat e lezetshme dhe shijet e shijshme të ëmbëlsirave të natyrës në çdo lugë.

Pra, le të zhytemi në këtë aventurë të shijshme dhe të zbulojmë se si përbërës të thjeshtë mund të bashkohen për të krijuar sallata frutash sensacionale që janë edhe ushqyese dhe një festë për shqisat !

RECETA E SALATËS SË FRUTAVE

1. Sallatë frutash me kuskus me pulë

Përbërësit për 4 porcione

- 200 gr kuskus
- 1 qepë të kuqe të prerë hollë
- 250 gr gjoks pule
- 1 gjalpë
- 2 mjaltë
- 0,5 lugë çaji të përzier qimnon
- 0,5 lugë kardamom
- 150 ml kos pa yndyrë
- 100 gr arra të grira trashë
- 1 doze copa pjeshke
- 1 kripë bazë

përgatitjen

1. Kuskusin e përgatisim sipas udhëzimeve në pako. Lani gjoksin e pulës, thajeni, rregulloni me kripë dhe piper dhe priteni në rripa.
2. Ngroheni gjalpin dhe skuqni qepën me shiritat e pulës në të. Kulloni pjeshkët dhe pritini në kubikë të vegjël.
3. Përzieni kosin me erëzat, mjaltin, arrat dhe kuskusin, qepët dhe shiritat e pulës. Në fund palosni copat e pjeshkës.

2. Sallatë frutash e vakët

Përbërësit për 4 porcione

- 10 copë fiq të thatë
- lugë sulltaneze
- 300 ml verë të bardhë
- 1 lugë çaji kanellë
- 1 pike leng limoni
- 4 g sheqer
- 4 mollë

përgatitjen

1. Hidhni mollët, fiqtë dhe sulltanat me verën në një tenxhere dhe mbulojeni gjithçka me ujë.
2. Shtoni kanellën, limonin dhe sheqerin dhe lërini të gatuhen së bashku për një kohë të shkurtër. Por, sigurisht, mollët duhet të jenë ende të forta deri në kafshim.
3. Rregulloni gjithçka në një tas dhe shijoni.

3. Sallatë frutash

Përbërësit për 4 porcione

- 2 copë kivi
- 2 pc portokall
- 1 pc mango
- 1 copë xhenxhefil (2 cm)
- 2 lugë gjelle mjaltë
- 5 lugë gjelle lëng molle

përgatitjen

1. Qëroni dhe fileto portokallin, qëroni kivin dhe mangon dhe priteni në copa të vogla.
2. Qëroni xhenxhefilin, prisni në kubikë të vegjël dhe skuqeni me mjaltë në një tigan për disa minuta. Lyejeni me lëng molle dhe ia hidhni frutat. Lëreni të pjerrët shkurtimisht.

4. Sallatë frutash me asparagus jeshil

Përbërësit për 2 porcione

- 5 copë asparagus jeshil (shkopinj të hollë)
- 4 copa luleshtrydhe
- 1 copë portokalli
- 0,25 copë ananasi
- 1 copë kivi
- 1 copë mollë (e vogël)
- 0,5 copë banane
- 1 copë limon
- 2 lugë gjelle vaj ulliri të butë
- 1 pc gëlqere (lëng + lëvore për marinadën)
- 1 copë portokall (lëng + lëvozhgë për marinadë)
- 1 degë balsam limoni

përgatitjen

1. Lani shpargujt e gjelbër, prisni përgjysmë për së gjati dhe në mënyrë tërthore në përafërsisht. 2 cm. Lani luleshtrydhet, hiqni kërcellin dhe pritini në feta. Qëroni, copëtoni kivin në feta.
2. Qëroni dhe katër ananasin, hiqni kërcellin, prisni një të katërtën në kubikë të vegjël, pjesën tjetër përdorni për qëllime të tjera.

3. Qëroni dhe fileto portokallin, mblidhni lëngun e rrjedhur dhe përdorni për salcë. Shtrydheni limonin. Lani mollën, prisni në gjysmë, hiqni bërthamën, priteni në copa dhe spërkatni menjëherë me gjysmën e lëngut të limonit të shtrydhur (që të mos marrë ngjyrë kafe).
4. Qëroni bananen dhe priteni në feta, gjithashtu spërkateni me lëngun e mbetur të limonit.
5. Përzieni një salcë nga lëngu i limonit dhe portokallit, lëvozhga (secila gjysmë e dy frutave) dhe vaji i ullirit.
6. Frutat e përgatitura me shpargujt i vendosim në një tas dhe i hedhim me kujdes salcën. Dekoroni me gjethet e balsamit.

5. Sallatë frutash me krem kokosi

Përbërësit për 4 porcione

- 1 pc pjepër sheqer
- 2 pc banane
- 3 copë fruta kivi
- 1 pc ananas
- 250 ml krem pana
- 2 lugë gjelle sheqer të grimcuar
- 100 ml qumësht kokosi

përgatitjen

1. Bananet, pjepri me sheqer, kivi dhe ananasi qërohen dhe pjepri i sheqerit është gjithashtu i papastër. Më pas fruti pritet në kubikë të vegjël.
2. Kremi i rrahur deri sa të ngurtësohet me mikser, sheqeri dhe qumështi i kokosit përzihen gradualisht.
3. Kështu krijohet një krem i lëmuar, por kremi i rrahur nuk duhet rrahur shumë, për maksimum 2 minuta.
4. Në fund fruti shpërndahet në tasa ëmbëlsirash dhe mbulohet me krem kokosi.

6. Sallatë frutash Simone

Përbërësit për 4 porcione

- 1 copë pjepër me mjaltë
- 1 copë kivi
- 1 copë banane
- 5 copa boronica
- 5 pc mjedra
- 3 copa luleshtrydhe

Përbërësit për marinadën

- 1 copë limon (lëng)
- 1 lugë gjelle sheqer
- 1 majë pluhur xhenxhefili

përgatitjen

1. Qëroni dhe bërtitni pjeprin dhe prisni pulpën me një prestar për të marrë topa të bukur pjepri. Më pas, qëroni kivin dhe priteni në copa.
2. Lani dhe kulloni boronicat dhe mjedrat, lani luleshtrydhet, hiqni zarzavatet, përgjysmoni ose prisni në feta. Qëroni dhe prisni bananen në feta.
3. Hidhini të gjitha frutat në një enë, përzieni me sheqerin, lëngun e limonit dhe pluhurin e xhenxhefilit. Lëreni të marinohet për 30

minuta, ndajeni në gota dhe shërbejeni të ftohtë.

7. Sallatë frutash me mjaltë

Përbërësit për 6 racione

- 3 pc banane
- 250 gr luleshtrydhe
- 100 g rrush blu pa fara
- 100 g rrush të bardhë pa fara
- 2 pc portokall
- 2 copë kivi
- 1 pc Apple
- 1 pc dardhe
- 1 pc limon
- 5 lugë gjelle mjaltë

përgatitjen

1. Qëroni bananet, portokallet dhe kivit, lani luleshtrydhet, hiqni zarzavatet dhe pritini frutat në copa të vogla.
2. Lani rrushin, prisni përgjysmë dhe shtoni në pjesën tjetër të frutave. Pritini mollët dhe dardhat në copa, thelpini dhe pritini në kubikë të vegjël dhe përziejini me frutat e tjera.
3. Marinojini me lëng limoni dhe mjaltë.

8. Oriz me luleshtrydhe në sallatë frutash

Përbërësit për 2 porcione

- 500 gr fruta të freskëta (për shije)
- 0,5 gota krem pana
- 3 lugë luleshtrydhe Mövenpick
- 5 pika lëng limoni

përgatitjen

1. Lani, qëroni dhe prisni frutat, vendosini në një pjatë dhe spërkatini me lëng limoni.
2. Vendosni akulloren me luleshtrydhe mbi sallatën e frutave.
3. Dekorojeni me krem pana dhe akullore.

9. Sallatë frutash me avokado dhe kos

Përbërësit

- 1 mollë
- 1 avokado
- 1/2 mango
- 40 gr luleshtrydhe
- 1/2 limon
- 1 lugë mjaltë
- 125 g kos natyral
- 2-3 lugë gjelle copa bajamesh

përgatitjen

1. Fillimisht, për sallatën e frutave me avokado dhe kos, lani mollën dhe hiqni thelbin dhe kupat. Më pas, thërrisni avokadon dhe mangon dhe prisni gjithashtu në kubikë. Lani luleshtrydhet dhe pritini në gjysmë. Në fund, hapni limonin dhe nxirrni lëngun nga gjysma.
2. Përzieni mirë kosin natyral dhe mjaltin. Hidhni përbërësit e prerë në një tas më të madh dhe shtoni përzierjen e mjaltit dhe kosit. Sallatën e frutave me avokado dhe kos, e spërkasim me bajame dhe e shërbejmë.

10. Sallatë frutash me luleshtrydhe, pjepër dhe mocarela

Përbërësit

- 1/2 pjepër mjaltë
- 1/4 shalqi
- 250 gr luleshtrydhe
- 2 pako mini mocarela
- 1/2 tufë nenexhik
- 1/2 tufë borziloku
- 1 portokall
- disa shurupe panje

përgatitjen

1. Për sallatën e frutave me luleshtrydhe, pjepër dhe mocarela, fillimisht hiqni lëkurën dhe kokrrat e pjeprit dhe prisni tulin në kubikë. Më pas, lani luleshtrydhet, hiqni gjelbërimin dhe pritini luleshtrydhet në gjysmë për së gjati. Më pas, hiqni nenexhikun dhe borzilokun. Pritini imët nenexhikun. Kullojini mirë topat e mocarelës.
2. Shtrydhni lëngun e portokallit dhe përzieni me pak shurup panje.
3. Përziejini të gjithë përbërësit përveç borzilokut në një tas të madh.

4. Ndajeni sallatën e frutave me luleshtrydhe, pjepër dhe mocarela dhe shërbejeni të zbukuruar me borzilok.

11. Sallatë frutash në një gotë me akullore dhe biskota

Përbërësit

- 200 gr mjedra
- 4 akullore me vanilje
- 2 fruta pasioni
- 15 biskota buke
- 1 lugë çaji sheqer pluhur
- 10 gjethe nenexhik

përgatitjen

1. Pritini biskotat e shkurtra në copa të mëdha për sallatën e frutave në gotë me akull dhe ndajini në 4 gota. Përzieni mjedrat me tulin e frutave të pasionit dhe sheqerin pluhur.
2. Sipër petës vendosim një lugë akullore vanilje dhe zbukurojmë sallatën e frutave në gotë me mjedra dhe pak nenexhik.

12. Sallatë frutash me pjepër, boronica dhe djathë dele

Përbërësit

- 1/4 shalqi
- 1/4 pjepër me mjaltë
- 1/4 pjepër me sheqer
- 100 gr boronica
- 5 kokrra kafeje (të bluara)
- 100 g djathë dele (ose djathë dhie)
- 10 gjethe nenexhik
- 1 lugë mjaltë

përgatitjen

1. Qëroni pjeprin për sallatën e frutave me pjepër, boronica dhe djathë deleje dhe pritini në kubikë të mëdhenj.
2. Përziejini me boronica dhe shpërndajeni në një pjatë.
3. Përhapeni kafen e bluar në pjepër. Pritini djathin në rripa të hollë dhe vendoseni mbi sallatën me pjepër.
4. Sallatën e frutave e lyejmë me pak mjaltë dhe e zbukurojmë me nenexhik.

13. Sallatë frutash me avokado, mjedra dhe arra

Përbërësit

- 2 avokado
- 150 ml krem pana
- 1/4 limoni (lëng)
- 50 gram sheqer
- 200 gr mjedra
- 2 lugë gjelle përzierje arrash të përziera
- 2 lime
- 1 lugë gjelle sheqer pluhur

përgatitjen

1. Qëroni dhe theroni avokadon dhe mjedrat për sallatën e frutave me avokado dhe pritini në kubikë të vegjël.
2. Bëjeni pure së bashku me lëngun e limonit dhe sheqerin. Rrihni kremin e rrahur derisa të jetë i fortë dhe përzieni avokadon.
3. Qëroni limonet dhe prisni mishin midis membranave të bardha ndarëse. Përziejini me mjedrat e lara dhe sheqerin pluhur.
4. Ndani në katër gota dhe spërkatni me përzierjen e gjurmëve të grira trashë.
5. Sallatën e frutave me krem avokado dhe disa mjedra e zbukurojmë.

14. Sallatë frutash e pjekur në skarë me luleshtrydhe, ananas, fiq dhe grejpfrut

Përbërësit

- 2 fiq
- 4 luleshtrydhe
- 2 kumbulla (të verdha, unaza)
- 1 mandarinë
- 1 grejpfrut rubin
- 1/4 ananas
- 1 lugë çaji sheqer pluhur
- 1 lugë gjelle lëng limoni
- 2 lugë gjelle fëstëkë (të copëtuar)
- 3 lugë gjelle vaj farash rrushi

përgatitjen

1. Për sallatën e frutave të pjekur në skarë, së pari përgatisni dressing-un. Më pas, përzieni sheqerin pluhur, lëngun e limonit, vajin e farave të rrushit dhe fëstëkët.
2. Përgjysmoni luleshtrydhet dhe fiqtë. Pritini ananasin në copa të holla dhe frutat e mbetura në copa të mëdha.
3. Lyejini të gjitha frutat me pak vaj farash rrushi.
4. Grijini frutat në një tigan grill ose nga të gjitha anët derisa frutat të kenë marrë një ngjyrë të errët të këndshme.

5. Më pas rregulloni frutat në një pjatë dhe spërkatini me salcë.
6. Shërbejeni sallatën e frutave të pjekur në skarë sa është ende e ngrohtë.

15. Sallatë frutash të pjekur me një gotë

Përbërësit

- 1 pjeshkë
- 1 mollë
- 1/4 ananas
- 1 banane
- 20 g rrush
- 20 gr mjedra
- 1/2 portokalli (lëng)
- 1/2 limon
- 1 bisht vanilje (tul)
- 4 vezë
- 1 lugë mjaltë
- 2 lugë gjelle rum
- 1 lugë gjelle liker portokalli

përgatitjen

1. Për sallatën e frutave të grirë me një gotë, fillimisht përgatisni frutat. Për ta bërë këtë, lani pjeshkën dhe mollën, hiqni gurin dhe pritini në kubikë. Më pas, qëroni ananasin, hiqni kërcellin dhe kubet, hiqni lëkurën e bananes dhe priteni në feta. Më pas lani rrushin dhe mjedrat, përgjysmoni portokallin dhe limonin dhe shtrydhni. Së fundi, presim

për së gjati lëvozhgën e vaniljes dhe fshijmë tulin.

2. Përziejini të verdhat e vezëve me mjaltin, tulin e vaniljes, rumin, likerin e portokallit dhe lëngun e portokallit dhe limonit. Rrihni të bardhat e vezëve në një borë të fortë dhe futini në përzierjen e të verdhës së vezëve. Mbushni frutat e prera në kallëpe të vegjël, të papërshkueshëm nga zjarri, mbulojeni me masën e borës dhe piqini në furrë në temperaturën 180 gradë (konvekcion) për rreth 10 minuta.

3. E lemë sallatën e frutave të grimcuar të ftohet pak dhe e shërbejmë.

16. Sallatë frutash tropikale piña colada

Përbërësit

- 1/2 ananas
- 1 banane
- 1 mollë
- 1/2 pjepër me sheqer (përndryshe pjepër me mjaltë)
- 50 ml qumësht kokosi (nga kanaçe)
- 30 ml lëng ananasi
- 2-3 lugë liker kokosi
- 2-3 lugë arrë kokosi të tharë
- 1 gotë rum (i bardhë)

përgatitjen

1. Së pari, përgatitni të gjithë përbërësit për sallatën e frutave tropikale piña colada. Qëroni ananasin, hiqni kërcellin dhe priteni në kubikë. Më pas, qëroni dhe prisni bananen në feta, lani mollën, hiqni thelbin dhe në kube. Në fund, nxirreni pjeprin nga bërthama, hiqni lëvozhgën dhe farat dhe priteni në copa sa një kafshatë.
2. Përzieni qumështin e kokosit me lëngun e limonit dhe ananasit, likerin e kokosit, kokosin e tharë dhe pak rum.

3. Vendosni copat e frutave të prera në një tas më të madh, shtoni përzierjen e piña colada dhe përzieni mirë. Ndani sallatën e frutave piña colada tropikale në tas të vegjël dhe shërbejeni.

17. Sallatë frutash të pjekura

Përbërësit

- 1 pjeshkë
- 1/4 ananas
- 20 mjedra
- 1 mandarinë
- 10 fizalis
- 2 mollë
- 1 lugë çaji mjaltë
- 1 bisht vanilje (tul)
- 4 te bardha veze
- 100 g sheqer

përgatitjen

1. Për sallatën e frutave të pjekur, rrihni të bardhat e vezëve me sheqerin në një borë të fortë.
2. Pritini frutat në kubikë të vegjël dhe përziejini me mjaltin dhe tulin e vaniljes. Ndani në katër forma torte dhe sipër lyeni të bardhat e vezëve.
3. Piqeni në 120 ° C për rreth 60 minuta.
4. Sallatën e frutave të pjekur e nxjerrim nga furra, e lëmë të ftohet pak dhe e shërbejmë menjëherë.

18. Sallatë frutash me çikore

Përbërësit

- 500 gr çikore
- 200 gr gjoks gjeldeti (i tymosur)
- 4 copa portokalli
- 3 copa banane
- 150 g brunch barishte légère
- 150 gr kos
- 2-3 lugë gjelle lëng limoni
- kripë
- Piper (i bardhë)
- sheqer
- 40 g arra

përgatitjen

1. Për sallatën e frutave me çikore, lani çikoren, thajeni dhe priteni në gjysmë. Prisni majat e sipërme të gjetheve, prisni kërcellin në formë pykë dhe priteni në feta të holla. Pritini gjoksin e gjelit në rripa të imta dhe përzieni me çikoren.

2. Qëroni 3 portokall të trashë sa të hiqni lëkurën e bardhë, prisni filetot e frutave dhe shtoni në cikorinë duke mbledhur lëngun. Më pas, qëroni dhe prisni bananet në feta

dhe përziejini me sallatën e frutave me çikore.

3. Shtrydhni portokallin e fundit. Përziejini mëngjesin dhe kosin derisa të bëhen të njëtrajtshme, përzieni me lëngun e portokallit dhe limonit. I rregullojmë sipas shijes me kripë, piper dhe sheqer.

4. Hidhni dressing-in mbi sallatën e frutave me çikore. Prisni përafërsisht arrat dhe spërkatni sipër tyre. Ftoheni për rreth 1 orë përpara se ta shërbeni.

19. Sallatë kivi

Përbërësit

- 4 copa fruta kivi
- 500 g rrush (i përgjysmuar)
- 4 dardha
- 8 lugë mjaltë
- 1 copë limon (lëng)
- disa gjethe nenexhik

përgatitjen

1. Për sallatën me kivi, qëroni kivit, i prisni në gjysmë dhe i prisni në feta. Më pas, lani rrushin, prisni në gjysmë dhe hiqni kokrrat. Në fund i qëroni dardhat, i prisni përgjysmë, i hiqni zorrën dhe i prisni edhe ato në feta.
2. Përziejini butësisht frutat.
3. Përzieni lëngun e limonit në mjaltë dhe hidheni mbi sallatën e frutave. Dekoroni me disa gjethe menteje.

20. sallatë me petë me fruta

Përbërësit

- 250-300 g makarona (p.sh. fusilli)
- 120 gr boronica
- 150 g rrush (pa fara)
- 1 mollë (e thartë)
- 1 nektarinë (përndryshe pjeshkë)
- 1 banane
- 1 bisht vanilje (tul)
- 1/2 limon (lëng)
- 5-6 gjethe nenexhiku (të freskëta)
- 1 majë kanellë (i bluar)
- 1 lugë mjaltë

përgatitjen

1. Për sallatën me fruta me makarona, fillimisht vini ujin të vlojë në një tenxhere të madhe, shtoni kripë dhe ziejini makaronat (p.sh. penet) në të derisa të jenë al dente.
2. Ndërkohë përgatisni përbërësit e mbetur për sallatën. Lani boronica, rrushin, mollët dhe nektarinën dhe thajini. Ndani rrushin përgjysmë, bërthama dhe nektarinat dhe mollët i prisni në kubikë. Qëroni dhe prisni bananen në feta. Prisni për së gjati lëvozhgën e vaniljes, grijeni tulin,

përgjysmoni limonin dhe shtrydheni. Nxirrni gjethet e nenexhikut nga kërcellet dhe grijini imët.
3. Kullojini makaronat e gatuara, shpëlajini dhe lërini të ftohen pak. Më pas, përzieni makaronat me frutat, tulin e vaniljes, kanellën, lëngun e limonit, nenexhikun dhe një lugë gjelle mjaltë në një tas më të madh. Sallata me fruta me makarona mund të shërbehet menjëherë.

21. Sallatë kivi i artë me ananas dhe kos

Përbërësit

Për sallatën:

- 1 ananas (i qëruar, kërcelli i hequr, i prerë në shufra)
- 3 kivi të artë (të qëruara, të prera në copa)
- 60 g arra braziliane (të prera përafërsisht)

Për veshjen:

- 200 g kos (greqisht)
- 3 lugë gjelle vaj ulliri
- 1/2 limon (lëng dhe lëvore)
- kripë deti
- Piper (nga mulliri)
- trumzë (për zbukurim)

përgatitjen

1. Për sallatën me kivi të artë me ananasin dhe kos, përzieni mirë të gjithë përbërësit për salcë dhe rregulloni me kripë dhe piper.
2. Grijini copat e ananasit në një tigan pa yndyrë për sallatën. Rregullojini në pjata së bashku me fetat e kivit.
3. Spërkatni frutat me salcë dhe zbukurojeni sallatën me kivi të artë me ananas dhe kos me arra braziliane dhe trumzë.

22. Popsicle me fruta

Përbërësit

- 1 kivi
- 1 pako luleshtrydhe
- 1 pako boronica
- 1/2 mango
- shurup plaku
- Uji (në varësi të shijes dhe madhësisë së kallëpeve)

përgatitjen

1. Fillimisht përgatisni forma kokoshkash (shpëlajini nëse është e nevojshme) për kokoshkat me frute dhe vendosni afër dorës ose kapakët ose shkopinjtë prej druri.
2. Qëroni kivin dhe priteni në feta. Lani dhe pastroni luleshtrydhet dhe pritini në kubikë të vegjël. Më pas, lani dhe renditni boronica. Në fund, qëroni mangon dhe priteni në rripa të imta.
3. Shpërndani frutat në kallëpet e akullores. Mbushni mirë. Holloni shurupin e manaferrës me ujë në varësi të shijes tuaj. Hidhni lëngun e manaferrës mbi kallëpe. Vendosni një kapak ose shkopinj.

4. Ngrijeni në frigorifer për disa orë ose gjatë natës. Fruti i farës lirohet më mirë nga myku duke i zhytur kallëpet në ujë të ngrohtë.

23. Sallatë pomelo me mandarinë flambéed

Përbërësit

- 4-6 mandarina (pa fara, përafërsisht 300-400 g satsuma ose klementina)
- 1 pomelo (ose 2 grejpfrut rozë)
- 1 banane
- 2 lime (të pa spërkatura)
- 2-3 lugë mjaltë (të ngrohur)
- Rrush të thatë (të njomur në grappa ose rum, për shije)
- 4 lugë gjelle arra
- 6 lugë gjelle rum (përqindje e lartë ose konjak etj. në flambe)

përgatitjen

1. Për sallatën pomelo me mandarinë të flambed, qëroni mandarinat, lirojini në copa dhe hiqni lëkurën prej tyre sa më shumë që të jetë e mundur, ose të paktën fijet e bardha. Qëroni edhe pomelon, ndajeni në copa dhe hiqni lëkurën prej tyre. (Të çarat mund të prishen.) Vendosni mandarinat dhe pomelon në një tas me lëngun e rrjedhur. Lajmë mirë limonet dhe lëvozhgën e

fërkojmë direkt në mandarina në rende. Përziejini butësisht.

2. Shtrydhni limonet. Tani qëroni bananen, priteni në feta dhe spërkatni menjëherë me pak lëng lime. Rregullojini në pjata dekorative me mandarinat e marinuara.

3. Përzieni lëngun e mbetur të limonit me mjaltin e ngrohur dhe hidheni mbi sallatë. Pritini përafërsisht arrat dhe skuqini shkurtimisht në një tigan pa vaj. E përziejmë me rrushin e njomur sipas dëshirës dhe e spërkasim sipër sallatës. Hidhni alkool mbi to dhe ndizni. Sallata me mandarinë dhe pomelo me flambe shkon mirë me pastë me kore të shkurtra krokante, cantucci italiane ose ladyfingers.

24. Tas i bërë nga brumi i biskotave

Përbërësit

- 500 g miell (rregulloni sasinë në varësi të konsistencës)
- 1 lugë çaji sodë buke
- 1 lugë çaji kripë
- 300 g çokollatë
- 250 g gjalpë (i butë)
- 135 g sheqer (kafe)
- 190 g sheqer të grimcuar
- 1 pako sheqer vanilje
- 2 vezë

përgatitjen

1. Fillimisht, ngrohni furrën në 190 ° C për tasin e brumit të biskotave.
2. Përzieni miellin, sodën dhe kripën dhe lëreni mënjanë. Pritini çokollatën.
3. Rrahim gjalpin, dy llojet e sheqerit dhe sheqerin e vaniljes derisa të bëhet krem. Shtoni vezët një nga një dhe palosni mirë çdo herë. Përzieni përzierjen e miellit dhe copat e çokollatës në mënyrë të alternuar në pjesë derisa të arrihet një konsistencë që mund të hapet. Brumi nuk duhet të jetë

shumë i thërrmueshëm për t'u formuar lehtë më vonë. Ziejeni, mbështilleni me film ushqimor dhe vendoseni në frigorifer për gjysmë ore.

4. Ndërkohë, lyejmë me gjalpë fundin e një tave për kifle.
5. Hapeni brumin. Pritini rrathët që janë më të mëdhenj se format e keksit. Vendoseni me kujdes rrethin e brumit mbi një fryrje në tavën e kifleve dhe shtypeni. Gjithmonë lini një parvaz midis predhave të biskotave.
6. Piqni enën e brumit të biskotave për rreth 10 minuta. Hiqini dhe lërini të ftohen (kjo do t'i bëjë të forta). Hiqini me kujdes nga format e kifleve.

25. Kroketa me gështenjë të ëmbël

Përbërësit

- 500 gr gështenja (të qëruara)
- 250 ml qumësht
- 90 g thërrime biskotash (ose biskota të grimcuara)
- 1 lugë çaji lëvore portokalli (nga një portokall organik i patrajtuar)
- 1 lugë çaji lëvore limoni (nga një limon organik i patrajtuar)
- 150 gr gjalpë
- 2 vezë
- 70 g thërrime biskota (për bukë)
- 1 lugë çaji tul vanilje
- 1 lugë çaji sheqer
- Vaj (për tiganisje)
- Sheqer i grimcuar (për spërkatje)

përgatitjen

1. Ziejini gështenjat në ujë për 20 minuta derisa të zbuten, kullojini dhe bëhen pure për kroketat e gështenjës së ëmbël.
2. Përzieni qumështin me lëkurën e portokallit dhe limonit, thërrimet, sheqerin dhe tulin e vaniljes në një enë, ngrohni ngadalë dhe më pas përzieni purenë e gështenjës.

3. Rrihni një vezë, rrihni dhe përzieni në përzierjen e gështenjës.
4. Përdorni një qese tubacioni për të injektuar shkopinj 3 cm të gjatë dhe lërini të ftohen. Më pas, përdorni duar të lagura për të formuar kroketa ose topa me madhësi arre nga shkopinjtë.
5. Rrihni vezën e dytë dhe e rregulloni me kripë.
6. Zhytini kroketat, i ktheni në thërrimet e biskotave dhe i skuqni në vaj të nxehtë 180 ° C.
7. Hiqni kroketat e gatshme nga vaji me një lugë të prerë dhe kullojini në një role kuzhine.
8. Spërkatni kroketat e gështenjës së ëmbël me sheqer të grirë përpara se t'i shërbeni.

26. Sallatë frutash me krem vanilje dhe biskota ore

Përbërësit

- 1 pc. Mango
- 1 copë banane
- 1 dardhe
- 2 copë. Pjeshkë
- 2 copa portokalli
- 2 lugë shurup lule plaku
- 1 pc. Kremefine Rama (vanilje)
- 4 copa biskota oreo

përgatitjen

1. Për sallatën e frutave me krem vanilje dhe biskota ore, qëroni mangon, bananen dhe dardhën dhe pritini në kubikë të vegjël. Pritini pjeshkët në të njëjtën mënyrë. Shtrydhim portokallet, lengun e shtojme frutave, embelsojme me shurupin e lulediellit. Përziejini mirë dhe lëreni të marinohen për 2 orë.
2. Rrihni Rama Cremefine, biskota crumble.
3. E shtrojmë sallatën e frutave në tasat e ëmbëlsirave, i hedhim kremin e vaniljes dhe sipër i shtrojmë biskotat e thërrmuara.

27. Sallatë frutash me pije alkoolike

Përbërësit

- 1 banane
- 4 kajsi
- 1 pjeshkë
- 15 rrush
- 1 portokall (lëng)
- 2 TBSP. Liker elderberry

përgatitjen

1. Për sallatën e frutave me pije alkoolike, fillimisht priteni frutat në copa, shtrydhni portokallin dhe shtoni lëngun, shtoni likerin e elderit, përzieni mirë. Ftoheni për rreth 60 minuta.
2. Më pas ndajeni sallatën e frutave me pije alkoolike në tasa dhe shërbejeni.

28. Sallatë frutash me kanellë

Përbërësit

- 1 filxhan kos natyral (1.5%)
- 1 lugë çaji kanellë
- 1 lugë çaji mjaltë
- 2 lugë bollgur
- 2 lugë gjelle corn flakes
- 1 mollë
- 1 banane
- 1 grusht rrush

përgatitjen

1. Për sallatën e frutave me kanellë, grijeni mollën dhe prisni në copa të vogla. Më pas, prisni bananen në feta.
2. Ndani rrushin përgjysmë dhe bërthama. Përzieni kosin me kanellën dhe mjaltin dhe përzieni me frutat e prera në një enë.
3. Shpërndani thekon sipër dhe shijoni sallatën e frutave me kanellë.

29. sallatë frutash

Përbërësit

- 1 banane
- 1 mollë
- disa rrush të thatë
- 10 luleshtrydhe
- Spërkatje me çokollatë (për zbukurim)

përgatitjen

1. Pritini bananen, mollën dhe luleshtrydhet në copa sa një kafshatë për sallatën e frutave.
2. Hidhni rrushin e thatë dhe frutat në një enë dhe zbukurojeni me spërkatjet me çokollatë.

30. Sallatë frutash ekzotike

Përbërësit

- 1/2 shegë
- 1/2 pc. Mango
- 1 copë. Hurmë
- 200 g papaja
- 1 copë banane

përgatitjen

1. Shtrydhni shegën dhe vendosni lëngun dhe farat në një tas për sallatën e frutave ekzotike. Prisni mangon, hurmën, papajan dhe bananen në copa dhe përzieni me shegën.

31. Sallatë frutash me akullore vanilje

Përbërësit

- 2 copa portokall
- 2 mollë
- 1 copë banane
- 1 limon (lëngu i tij)
- 1/2 kanaçe vishnje (të pa fara)
- 2 lugë mjaltë
- 4 cl rum
- 4 akullore me vanilje
- 125 ml krem pana
- 1 grusht bajame të grira

përgatitjen

1. Për sallatën e frutave me akullore me vanilje, qëroni portokallin, mollët dhe bananen dhe priteni në feta të holla së bashku. Spërkateni me lëng limoni.
2. I kullojmë dhe i shtojmë vishnjat. Përziejeni mjaltin me rumin derisa të jetë e qetë, derdhni frutat dhe lëreni të piqen.
3. Përhapeni akullin në pjata të ftohta dhe derdhni mbi to sallatën e frutave. Rrihni kremin e rrahur derisa të jetë i fortë dhe me të dekoroni sallatën e frutave.

4. Shpërndani sipër bajame të grira dhe shërbejeni sallatën e frutave me akullore vanilje.

32. Sallatë frutash me shkelm

Përbërësit

- 1 pc. portokalli
- 150 gr luleshtrydhe
- 100 gr mjedra
- 1/4 copë pjepër
- 1 mollë
- 100 g qershi
- 1 limon
- 50 gram rrush
- 40 ml Malibu

përgatitjen

1. Për sallatën e frutave, hiqni gjelbërimin e luleshtrydheve dhe lajeni me mjedra, qershi dhe rrush. Më pas, qëroni portokallin dhe pjeprin dhe priteni në copa të vogla.
2. Luleshtrydhet i përgjysmojmë dhe i përgjysmojmë. Pritini mollën dhe prisni në copa të vogla. Thërrmoni qershitë dhe pritini në gjysmë me rrushin. Përzieni frutat në një tas dhe shtrydhni limonin sipër.
3. Në fund e lyejmë sallatën e frutave me Malibu dhe e përziejmë mirë.

33. Sallatë frutash me rrush të thatë rum

Përbërësit

- 1 copë banane
- 1 mollë
- 1 pc. Mango
- 1 pc. portokalli (lëngu i tij)
- 4 lugë gjelle rrush të thatë rumi
- 1 lugë mjaltë

përgatitjen

1. Për sallatën e frutave me rrush të thatë rumi, qëroni mangon dhe priteni nga thelbi. Më pas, qëroni bananen, priteni në gjysmë për së gjati dhe priteni në feta.
2. Pritini mollën me çerek dhe bërthama dhe priteni në feta të vogla. Shtrydheni portokallin. Marinojini frutat me mjaltë dhe lëng portokalli, përzieni me rrushin e thatë të rumit.
3. Ndani në tasa ëmbëlsirash dhe shërbejeni sallatën e frutave me rrush të thatë të ftohur mirë.

34. Sallatë frutash me kapelë kos

Përbërësit

- 1 mollë
- 1 pc. portokalli
- 1 dardhe
- 50 g rrush
- 500 gr kos luleshtrydhe (i lehtë)
- 1 gotë ëmbëlsues i lëngshëm
- 4 copë qershi Amarena

përgatitjen

2. Për sallatën e frutave me kapelë kos, qëroni dhe prisni frutat.
3. Filetojeni portokallin, zieni 50 ml ujë me 1 spërkatje ëmbëlsues. Lërini frutat të ziejnë për pak kohë. Kullojeni.
4. Kosin me luleshtrydhe e përziejmë me copa frutash, e mbushim në tasa dhe secilin e dekorojmë me nga një qershi.
5. Shërbejeni sallatën e frutave me një kapak kosi.

35. Sallatë frutash me kos

Përbërësit

- 250 g rrush
- 3 copa nektarina
- 250 g kos natyral
- Boronica (për shije)

përgatitjen

1. Për sallatën e frutave lani rrushin dhe nektarinat dhe më pas pritini nektarinat në copa. Më pas, vendosni në një enë dhe shtoni rrushin.
2. Përziejini mirë dhe hidheni në tasa të vegjël, sipër lyejini me kos natyral dhe shtoni boronicat sipas dëshirës.

36. Sallatë frutash me camembert

Përbërësit

- 1/2 copë pjepër sheqeri
- 2 feta (t) shalqi
- 2 copa portokalli
- 2 copë. Kivi (i verdhë)
- 4 feta (të) Camembert
- kripë
- 2 lugë gjelle vaj
- 2 lugë gjelle uthull vere të bardhë
- Piper (i bardhë)

përgatitjen

1. Për sallatën e frutave me kamember, lani mirë një portokall, hiqni lëkurën me një lëkurë, prisni portokallin në gjysmë dhe shtrydheni. Lëngun e ruani për marinadën.
2. Qëroni dhe filetojeni trashë portokallin e dytë. Qëroni kivin dhe priteni në copa. Hiqni topa të madhësive të ndryshme nga pjepri me një prerës topi.
3. Të gjitha frutat i radhisim në një pjatë, sipër vendosim kamemberin dhe i hedhim një marinadë me uthull, vaj, kripë, piper të bardhë dhe lëkurë portokalli.

37. Sallatë frutash me fara luledielli

Përbërësit

- 2 ananas bebe
- 1 mollë
- 1 dardhe
- 2 lugë limoni (lëng)
- 2 banane
- 1 kivi (ndoshta 2)
- 6 lugë gjelle lëng portokalli
- 2 lugë gjelle salcë kokosi
- 2 lugë fara luledielli

përgatitjen

1. Për sallatën e frutave me fara luledielli, pastroni ananasin, hiqni lëkurën dhe priteni në feta rreth 1/2 cm të trasha.
2. Hiqni kërcellin, në katër pjesë fetat dhe vendosini në një tas mjaft të madh. Lani mollën dhe dardhën, hiqni bërthamën, preni kube dhe përzieni me ananasin.
3. Lyejini copat e frutave me lëngun e një limoni, hiqni lëkurën nga bananet dhe kivi, pritini në feta të holla dhe vendosini me kujdes nën pjesën tjetër të frutave.

4. Hidhni lëngun e portokallit dhe farat e lulediellit mbi sallatë dhe shërbejeni sallatën e përfunduar të frutave me fara luledielli të spërkatura me kokos.

38. Sallatë frutash me salcë kosi

Përbërësit

- 500 gr luleshtrydhe
- 2 lugë sheqer
- 0,5 sharantais ose pjepër mjaltë
- 200 g kumbulla p.sh. blu dhe të verdha
- 4 lugë gjelle lëng limoni (ose lëng limoni)
- 1 filxhan (236 ml) ananas i prerë në feta
- 150 g kos krem
- 1 pako sheqer vanilje
- Ndoshta pak mente të freskët

përgatitjen

1. Shpëlajini dhe pastroni luleshtrydhet dhe përgjysmoni ose çerek sipas madhësisë. Spërkateni me sheqer në një tas pjekjeje. Mbulojeni dhe vizatoni për rreth 15 minuta.
2. Pjeprin e grijmë dhe e presim në copa. Pritini mishin nga lëkura. Shpëlajini kumbullat dhe pritini në copa nga guri. Spërkateni me limon ose lëng limoni. Përziejini përbërësit e përgatitur.
3. Për salcën e ananasit, priteni në kubikë përveç 1 fetë dhe grijeni me lëngun. Hidhni

në të jogurtin dhe sheqer vaniljen. Në formën e sallatës së frutave.
4. Pritini pjesën tjetër të ananasit në kubikë. Prisni nenexhikun nëse dëshironi. I spërkasim të dyja mbi marule.

39. Sallatë frutash me salcë kosi vanilje

Përbërësit

Fruta:

- 2 mollë
- 1 banane
- Lëng 1/2 limoni
- 2 portokall

Salcë:

- 1 e bardhe veze
- 2 lugë sheqer
- 1 bisht vanilje
- 75 g kos
- 1 e verdhe veze
- 100 gr krem pana

përgatitjen

1. Pritini mollët në feta, bananen në feta dhe spërkatini me lëngun e një limoni. Pritini portokallet në copa. Shpërndani frutat në mënyrë të barabartë në katër pjata.
2. Rrihni të bardhën e vezës derisa të jetë e fortë, spërkatni me sheqer për salcën. Fushat e vaniljes. Hiqeni, përzieni me kos dhe të verdhën e vezës. Rrihni kremin e

rrahur derisa të jetë i fortë, paloseni me të bardhën e vezës. Në formën e frutave.

40. Sallatë frutash e shpejtë

Përbërësit

- 1 mollë (e mesme)
- 1 banane
- 1 grusht rrush
- disa luleshtrydhe
- disa qershi (me kokrra)
- 1 kanaçe (e) koktej frutash
- limon
- Sheqer kallami (nëse është e nevojshme)

përgatitjen

1. Për sallatën e shpejtë të frutave, lani, prisni dhe thërrmoni frutat nëse është e nevojshme. Spërkatini bananet me lëng limoni për të mos marrë ngjyrë kafe.
2. Hidhni gjithçka në një tas me koktejin e frutave dhe rregulloni me sheqer kallami dhe sheqer vanilje.

41. Sallatë me fruta tropikale dhe fruta me shkelm

Përbërësit

- 1/2 ananas
- 1 copë banane
- 12 copa qershi Amarena
- 4 lugë gjelle shurup grenadine
- 4 lugë gjelle rum kokosi
- 60 ml liker veze

përgatitjen

1. Qëroni bananen dhe priteni në feta për frutat tropikale dhe sallatën e frutave me një goditje. Më pas, qëroni ananasin, prisni kërcellin dhe priteni mishin në copa të vogla.
2. Përzieni copat e ananasit dhe fetat e bananes me shurupin e grenadinës, rumin e kokosit dhe likerin e vezëve, lërini të marinohen për të paktën 1 orë.
3. Sallatë me fruta-fruta tropikale me një goditje në 4 gota të bukura dhe të mbuluar me 3 qershi të zeza.

42. Sallatë frutash me ngjyra

Përbërësit

- 500 g rrush (pa fara)
- 2 mollë
- 2 dardha
- 2 copë. Pjeshkë
- 1/2 copë pjepër sheqeri
- 500 gr luleshtrydhe
- 2 copa portokalli
- 2 copë limoni (lëngu i tij)
- 5 lugë shurup me lule plaku
- 4 lugë mjaltë

përgatitjen

1. Për sallatën e frutave, qëroni portokallet dhe fileto copat e portokallit, më pas shtrydhni lëngun nga pjesa tjetër.
2. Pastroni dhe copëtoni luleshtrydhet. Hiqni farat nga mollët, dardhat dhe pjeprin dhe pritini në copa të vogla. Më pas, përgjysmoni rrushin, copëtoni pjeshkët.
3. Vendosni të gjitha frutat në një tas të madh, përzieni me shurupin e lulediellit dhe mjaltin. Sallata e frutave vendoset një orë e ftohtë.

43. Krem kosi me gjizë me sallatë frutash

Përbërësit

- 300 gr kos (greqisht)
- 250 g tenxhere krem
- 2 lugë shurup agave
- 2 lugë pastë vanilje
- 1/2 mollë
- 1/2 dardhë
- 60 gr boronica
- 15 rrush (pa fara)
- 6 luleshtrydhe
- 4 cl maraskino
- 2 lugë gjelle lëng limoni

përgatitjen

1. Për kremin me gjizë dhe kos me sallatë frutash, hiqni bërthamën nga molla dhe dardha dhe priteni në copa.
2. Ndani rrushin përgjysmë dhe luleshtrydhet në katër pjesë. Marinojini frutat me maraschino dhe lëng limoni, vendosini në frigorifer për 30 minuta. Përzieni kosin me gjizë, shurupin e agave dhe pastën e vaniljes.
3. Lyeni kremin e gjizës në tasat e ëmbëlsirës dhe sipër hidhni frutat dhe lëngun. Kremi

plug-kos me sallatë frutash shërbehet menjëherë i ftohtë.

44. Sallatë frutash pa sheqer

Përbërësit

- 4 mollë (organike)
- 500 g rrush (organik)
- 500 gr luleshtrydhe (organike)
- 4 banane (organike, të pjekura)
- 3 dardha (organike)
- 6 lugë gjelle karamele guri (pluhur)
- 1 limon

përgatitjen

1. Lani frutat shumë mirë për sallatën e frutave dhe pritini në kubikë të vegjël. MOS e qëroni, pasi shumica e vitaminave gjenden në lëvozhgë! Në vend të kësaj, vendosni gjithçka në një tas të madh dhe përzieni mirë.
2. Më pas spërkatni sipër karamele me gurë dhe përzieni sërish mirë. Në fund shtoni lëngun e limonit, nga njëra anë për të mos marrë ngjyrën e frutave dhe nga ana tjetër për t'i dhënë një gjallëri sallatës së frutave.

45. Sallatë e thjeshtë frutash

Përbërësit

- 400 g ananas (në copa)
- 3-4 mollë (të vogla)
- 1-2 copë banane
- 1 pc. portokalli
- 1 copë. Hurmë
- 1-2 copë. Kivi

përgatitjen

1. Fillimisht, vendosni ananasin dhe lëngun e kanaçes në një tas të madh për sallatën e frutave. Më pas grijini mollët nga bërthamat dhe i prisni në copa të vogla dhe i shtoni ananasit.
2. Më pas qëroni frutat e tjera dhe pritini në copa të vogla. (hurma mund të hahet me lëvozhgë)
3. Rregulloni dhe shërbejeni sallatën e frutave.

46. Sallatë frutash vegane

Përbërësit

- 1 pc. Grejpfrut
- 2 copë fruta kivi
- 1 mollë
- 3 lugë kos soje

përgatitjen

1. Për sallatën e frutave, qëroni frutat e grejpfrutit dhe kivit, lani mollën. Më pas, prisni gjithçka në copa të madhësisë së kafshatës dhe vendoseni në një tas.
2. Shtoni jogurtin e sojës dhe përzieni gjithçka mirë.

47. Sallatë frutash të verdhë

Përbërësit

- 1 pc. Mango (e pjekur)
- 2 dardha (të verdha, të pjekura)
- 2 mollë
- 2 copa banane
- 2 pjeshkë (me mish të verdhë)
- 1 limon
- 1 lugë mjaltë (i lëngshëm)

përgatitjen

1. Për sallatën e frutave, qëroni mangon, ndajeni nga guri dhe priteni në copa sa një kafshatë. Lani dardhat dhe mollët, hiqni bërthamën dhe pritini në copa sa një kafshatë.
2. Qëroni bananet dhe pritini në copa sa një kafshatë. Më pas lani pjeshkët, hiqni gurin dhe pritini në copa sa një kafshatë.
3. Vendosni frutat e prera në një enë dhe përzieni. Shtrydheni limonin. Përziejeni lëngun me mjaltin dhe hidheni sipër frutave.

48. Sallatë frutash me pjepër

Përbërësit

- 300 g shalqi
- 1/2 copë pjepër me mjaltë
- 1/2 copë pjepër sheqeri
- rrushi
- 1 mollë
- 2 copë portokalli (lëngu i tij)
- 2 lugë mjaltë
- 125 ml ujë

përgatitjen

1. Për sallatën e frutave me pjepër, qëroni dhe pastroni pjeprin dhe priteni në kubikë të vegjël. Përgjysmoni rrushin. Qëroni mollën dhe priteni në kubikë të vegjël. Shtrydhni portokallet.
2. Ujin me mjaltin e leme te zieje, e ftohim dhe e hedhim mbi kubet e frutave, shtojme leng portokalli. Vendoseni në një vend të freskët dhe lëreni të marinohet për të paktën 60 minuta.

49. Sallatë frutash kivi

Përbërësit

- 600 g ananas
- 4 kivi
- 2 banane
- 1 shege
- 2 pako sheqer vanilje
- 2 lugë gjelle sheqer pluhur
- 3 lugë limoni (lëng)
- 3 lugë gjelle shurup grenadine

përgatitjen

1. Për sallatën e frutave të kivit, fillimisht priteni ananasin për së gjati në të tetat, priteni bazën e kërcellit në copa të vogla dhe pulpën nga lëkura e prisni në copa diagonalisht. Qëroni dhe prisni në feta frutat e kivit dhe bananet.
2. Pritini shegën diagonalisht, grijini farat dhe lëngun me një lugë. Përziejini gjithçka në një tas. Përzieni lëngun e një limoni, sheqerin pluhur, sheqer vaniljen dhe grenadinën me frutat. Sillni sallatën e frutave të kivit në tryezë në akull të ftohtë.

50. Sallatë frutash me kumbulla dhe ananasi

Përbërësit

- 1 ananas
- Cointreau
- mjaltë
- nenexhik
- 11 kumbulla
- sheqer pluhur

përgatitjen

1. Pritini ananasin për sallatën e frutave me kumbulla-ananas. Përgjysmoni dhe thërrmoni kumbullat, pritini në copa dhe marinojini me Cointreau, nenexhik dhe mjaltë.
2. Shtoni copat e ananasit, përzieni dhe rregulloni të gjithë sallatën e frutave në ananasin e zbrazur. E pudrosim me sheqer pluhur dhe e servirim sallatën me kumbulla, ananasin dhe frutat.

51. Sallatë frutash me shegë

Përbërësit

- 1/2 shegë
- 2 mandarina
- 2 banane
- 4 kumbulla
- 1 mollë
- 1 këmbë

përgatitjen

1. Për sallatën e frutave me shegë, fillimisht shtrydhni gjysmën e shegës me një shtrydhëse agrumesh dhe vendoseni në një tas (gjithçka – duke përfshirë edhe farat e mbetura nga procesi i shtrydhjes).
2. Shtrydhni edhe mandarinat. Pritini bananet, shtoni ato dhe grijini me pirun. Pritini në copa të vogla kumbullat, mollën dhe hurmën dhe përzieni – sallata e frutave me shegë është gati.

52. Sallatë frutash me arra

Përbërësit

- 2 copa portokalli
- 2 banane (të pjekura)
- 1 mollë
- 1 dardhe
- 2 lugë arra (të grira)

përgatitjen

1. Për sallatën e frutave, shtrydhni portokallet dhe vendosini në një tas. Mund të shtohet edhe tuli (pa fara). Më pas, qëroni dhe prisni bananet në feta.
2. Grini lëngun e portokallit me një pirun. Pritini mollën dhe dardhën dhe përzieni. Spërkateni me arrat e grira.

53. Koktej me fruta të freskëta

Përbërësit

- 1 ananas (Hawaii, i qëruar)
- 4 pjeshkë (të qëruara)
- 2 shegë (të hequra gurët)
- 2 mollë Granny Smith (të prera, të prera në kubikë)
- 400 g rrush (të gjelbër dhe pa fara)

përgatitjen

1. Për koktejin e frutave, lani frutat dhe prisni gjithçka në copa.
2. Përziejini frutat dhe shërbejini së bashku.

54. Sallatë frutash me nenexhik

Përbërësit

- 2 kajsi
- 2 pjeshkë
- 1 dardhe
- 1 grusht luleshtrydhe (të pastruara)
- 6 gjethe nenexhiku (të prera në rripa)
- 3 lugë çaji sheqer

përgatitjen

1. Për sallatën e frutave me nenexhik, lani kajsitë dhe pjeshkët, hiqni bërthamën dhe pritini në kubikë të vegjël. Lani dhe çarë dardhën, hiqni bërthamën dhe priteni në kubikë. Ndani luleshtrydhet në copa të këndshme, përzieni gjithçka mirë.
2. Shtoni sheqerin dhe nenexhikun dhe shërbejeni sallatën e frutave me nenexhik të ftohtë.

55. Sallatë me shalqi dhe dardhë me karkaleca deti

Përbërësit

- 190 gr karkaleca deti (të marinuara)
- 2 feta (t) shalqi
- 1 dardhe
- 1 pikë uthull balsamike (rosso)
- 1/2 tufe qiqrash

përgatitjen

1. Prisni sallatën me shalqinj dhe dardhë me karkaleca deti në kubikë më të mëdhenj për shalqinin dhe dardhën.
2. Pritini edhe qiqrat në copa të vogla.
3. Skuqini karkalecat në një tigan që nuk ngjit për disa minuta pa shtuar yndyrë shtesë sepse tashmë janë marinuar. Në fund skuqni kubet e shalqinit për rreth 1 minutë dhe më pas hiqeni tiganin nga zjarri.
4. I përziejmë kubikët e dardhës dhe i lemë të qëndrojnë për 1 minutë. Spërkateni me pak uthull balsamike, përzieni sërish dhe shërbejeni sallatën me shalqi dhe dardhë me karkaleca të spërkatura me qiqra.

56. Sallatë me portokall dhe kivi me akull

Përbërësit

- 3 copa portokalli
- 4 copë kivi
- 100 g fruta koktej
- Liker portokalli (për shije)
- 1 pc. portokalli (lëngu i tij)
- 2 lugë mjaltë
- 1/2 limoni (lëngu i tij)
- Fëstëkë (të copëtuar)
- 120 gr akullore me vanilje

përgatitjen

1. Për sallatën me portokall dhe kivi me akullore, qëroni portokallet dhe kivi dhe pritini në feta të holla. Kulloni frutat e koktejit.
2. Përziejini frutat dhe ftoheni. Ftohni enët e qelqit. Përzieni lëngun e portokallit dhe limonit me likerin e portokallit dhe mjaltin, përzieni me kujdes me frutat dhe lëreni në frigorifer për gjysmë ore.
3. Ndani akulloren me vanilje në katër pjesë. Vendosni një pjesë të akullores me vanilje në secilën prej tasave të qelqit të ftohur,

mbulojeni me sallatën e frutave, spërkatni me fëstëkë të grirë dhe shërbejeni menjëherë.

57. Komposto me vishnje

Përbërësit

- 1 kg vishnje
- ujë
- 4 lugë gjelle sheqer kallami
- 1 majë sheqer vanilje

përgatitjen

1. Për komposton me vishnje lani dhe thërrmoni vishnjat. Vendoseni në një tenxhere të madhe dhe mbushni me ujë që të mbulohen vishnjat. Shtoni sheqerin e kallamit dhe sheqer vaniljen.
2. Vendoseni komposton të vlojë dhe ziejini lehtë për rreth 5 minuta. Ndërkohë i keni gati gotat. Në gota hidhni kompostën e vishnjës, mbyllini dhe pastrojini.
3. Më pas kthejeni përmbys (që të krijohet vakum në gota) dhe mbulojeni me një batanije (për ftohje të ngadaltë).

58. Ananasi me një goditje

Përbërësit

- 1 copë. Ananasi 1.5 kg
- 1/8 l salcë kosi
- 3 copa banane
- 2 rum stamperl (i bardhë)
- 50 g spërkatje me çokollatë

përgatitjen

1. Prisni kapakun për ananasin me një goditje të ananasit. Më pas, priteni tulin me një thikë të vogël (lëreni buzën 1 cm të qëndrojë) dhe priteni tulin në copa përafërsisht. 1 cm në madhësi.
2. Prisni bananen në feta të holla dhe përzieni me copat e ananasit dhe përbërësit e mbetur në një tas dhe hidheni në ananasin bosh. Mbulojeni ananasin me kapak dhe vendoseni ananasin në frigorifer derisa ta shërbeni.

59. Uthull lulesh

Përbërësit

- 3/4 l uthull
- 2 lugë gjelle mjaltë akacie
- 3/4 qelqi lule plaku

përgatitjen

1. Për uthullën e plakut, mbushni një kavanoz prej një litri të pastër e të mbyllur 3/4 plot me lulen e plakut që është shkulur me kujdes nga insektet.
2. Rrihni mjaltin dhe uthullën, derdhni sipër dhe pushoni në një vend të errët për rreth 4 javë.
3. Ruajeni uthullën e lulediellit në një gotë ose përdorni menjëherë.

60. Puding soje me një sallatë frutash shumëngjyrëshe

Përbërësit

- 500 ml pije soje
- 1 pako pluhur pudingu vanilje
- 2 lugë sheqer
- 1 pjeshkë
- 1 pc kivi
- 3 luleshtrydhe
- 8 liçka
- 1 grusht rrush
- 1 copë lime (lëng)
- 2 lugë shurup lule plaku

përgatitjen

1. Për pudingun e sojës me sallatë frutash shumëngjyrëshe, gatuajeni pudingun me vanilje me pije soje sipas udhëzimeve në paketë, mbusheni në kallëpe pudingu dhe vendoseni në frigorifer për disa orë.
2. Pritini frutat në copa të vogla, marinojini me lëng lime dhe shurup luledielli. Nxjerrim pudingun nga kallep, vendosim sallatën e frutave rreth pudingut.

61. Sallatë frutash me shalqi

Përbërësit

- 150 gr mjedra
- 100 g manaferra (p.sh. manaferra, boronica)
- 2 pjeshkë (të mëdha)
- 8 kajsi
- 8 kumbulla
- 1 limon
- 50 gram sheqer
- 50 ml maraschino
- 1 shalqi (mesatar)
- Mente (e freskët)

përgatitjen

1. Për sallatën e frutave me shalqi, fillimisht qëroni, bërthama, çerek dhe prisni pjeshkët. Më pas, përgjysmoni kajsitë dhe kumbullat, hiqni bërthamën dhe pritini në copa. Hidhni mjedrat dhe sheqerin në një tas mjaft të madh dhe i spërkatni me lëng limoni dhe maraschino. Ftoheni shkurtimisht.
2. Pritini shalqinin, prisni tulin në kubikë të vegjël dhe përzieni me frutat e mbetura. E zbukurojmë sallatën e frutave me shalqi me mente dhe e sjellim në tavolinë.

62. Sallatë me dardhë dhe kumbulla

Përbërësit

- 1/2 kg kumbulla
- 1/2 kg dardha
- 3 lugë limoni (lëng)
- 2 lugë shurup dardhe
- 5 thekon bajame theke
- Farat e lulediellit 5 ditore
- 1/4 l qumësht i thartë

përgatitjen

1. Për sallatën me dardhë dhe kumbulla, farat e lulediellit i pjekim në një tigan pa yndyrë derisa të marrin aromë. Lëreni të ftohet.
2. Lani kumbullat, prijini në gjysmë, bërthama dhe pritini gjysmat në feta.
3. Qëroni dhe katërt dardhat, hiqni bërthamën dhe prisni frutat në kubikë.
4. Lyejini copat e frutave me lëng limoni.
5. Përzieni pjesën tjetër të lëngut të limonit, shurupit të dardhës dhe qumështit të thartë dhe përzieni frutat.
6. Spërkateni sallatën me dardhë dhe kumbulla me fara luledielli dhe bajame të grira.

63. Sallatë frutash me dip kikiriku

Përbërësit

- 1/2 pjepër me sheqer
- 1/2 ananas
- 1 pako physalis
- disa rrush (i madh, pa fara)
- 3 lugë gjelle gjalpë kikiriku (krokante)
- 4 lugë gjelle lëng portokalli (i freskët i shtrydhur)
- 2 lugë gjelle lëng limoni (i freskët i shtrydhur)
- 1/2 lugë sheqer pluhur
- 4 kruese dhëmbësh

përgatitjen

1. Fillimisht, forst, për sallatën e frutave me kikirikë prisni fetën e ananasit në kubikë sa kafshatë. Më pas, qëroni pjeprin dhe gjithashtu priteni në kubikë. Lani rrushin.
2. Përzieni gjalpin e kikirikut me lëngun e portokallit dhe limonit të saposhtrydhur dhe sheqerin pluhur për dip.
3. Shërbejeni sallatën e frutave me një salcë kikiriku. Hellni copat e frutave me një kruese dhëmbësh dhe zhytni në dip.

64. Sallatë frutash kokosi me akull të grimcuar

Përbërësit

- 1 kokos
- fruta të përziera sipas dëshirës (papaja, ananasi, mango)
- Kube fasule Azuki (ose kube agar-agar)
- 1,5 lugë gjelle shurup panje
- Sheqer kaf për shije
- 3,5 lugë gjelle qumësht kokosi të trashë
- 4 filxhanë (a) akull të grimcuar imët
- Kanellë për shije

përgatitjen

1. Fillimisht hapni kokosin. Për ta bërë këtë, hapni 2 ose 3 vrima në kokosin në vendet e errëta (gropëzat) nën mjekër me një çekiç dhe gozhdë. Vendosni një sitë mbi një tenxhere, shtoni kokosin dhe lëreni ujin e kokosit të kullojë. (Nëse është e nevojshme, shponi hapjet më thellë me një tapash.) Më pas vendoseni kokosin në furrën e parangrohur në 180 gradë për rreth. 20 minuta dhe hiqeni sërish. E goditni fort me çekiç dhe hapni kokosin. Lironi tulin dhe priteni në kubikë të vegjël. Pritini edhe

frutat e mbetura në kubikë shumë të vegjël dhe përzieni gjithçka. Përzieni ujin e kokosit me qumështin e arrës së kokosit, shurupin e panjës dhe sheqerin kaf dhe hidheni sipër frutave. Përziejini butësisht. Përzieni akullin e grimcuar shumë imët dhe shërbejeni.

65. Akullore me salce fasule dhe sallate

frutash

Përbërësit

- 8 grushta të bardha veze (ose akull të grimcuar)
- Pastë fasule (e kuqe)
- 250 ml shurup sheqeri
- 3 lugë gjelle qershi amaretto (për zbukurim)
- Për sallatën e frutave:
- Fruta (p.sh. pjeshkë, luleshtrydhe, sipas dëshirës)
- Lëng limoni
- sheqer

përgatitjen

1. Përzieni pastën e fasules me shurupin e sheqerit për akulloren me salcën e fasules dhe sallatën e frutave. Së pari, derdhni pak borë akulli në një gotë vere. Më pas vendosni sipër një lugë të vogël pastë fasule dhe një lugë gjelle sallatë frutash. E zbukurojmë me qershi amaretto dhe e shërbejmë.

66. Sallatë me djathë-fruta

Përbërësit

- 3 copë kajsi
- 1/2 ananas
- 1 mollë (e madhe)
- 300 g Gouda
- 250 ml krem pana
- 3 lugë gjelle lëng ananasi
- Lëng limoni
- 2 lugë çaji mustardë (e nxehtë)
- kripë
- piper
- sallatë jeshile (për zbukurim)

përgatitjen

1. Për sallatën me fruta me djathë, frutat priten në copa dhe kubikë dhe djathin e presim në feta.
2. Përgatitni një marinadë me krem pana, lëng limoni, lëng ananasi, mustardë, kripë dhe piper dhe derdhni sipër frutat dhe djathin. E përziejmë mirë të gjithë dhe e lëmë të piqet pak.

3. Rregulloni djathin e përfunduar dhe sallatën e frutave në gjethet e marules dhe shërbejeni.

67. Sallatë frutash me salcë frutash

Përbërësit

Për veshjen:

- 3 kivi
- 2 dardha (të qëruara)
- Për sallatën:
- 2 banane
- 2 mandarina
- 150 g rrush (blu dhe i bardhë, pa fara)
- 1 kivi
- 1 dardhe
- 1 mollë
- 1 grusht arra (ose lajthi)
- 4 lugë sheqer

përgatitjen

1. Për sallatën e frutave me salcë frutash, përgatisni një sallatë frutash nga frutat.
2. Qëroni mollën dhe dardhën, hiqni thelbin dhe prisni përsëri copat e frutave.
3. Në një tenxhere të vogël ziejini copat e mollës dhe dardhës me pak ujë dhe 1 lugë sheqer derisa të jenë al dente.

4. Qëroni dhe prisni kivin dhe bananet, lani rrushin, hiqni kërcellet.
5. Qëroni mandarinat dhe i ndajmë në copa, i presim arrat trashë.
6. Përziejini mirë frutat në një tas të madh.
7. Për salcë, qëroni kivit dhe dardhat. Hiqni thelbin nga dardhat dhe vendosini frutat në një gotë të lartë përzierjeje.
8. Bëjeni pure me 3 lugë sheqer me një blender dore.
9. Hidhni dressingun mbi fruta dhe shërbejeni sallatën e frutave me dressing frutash të spërkatur me arra të grira.

68. Sallatë frutash të pjekura me gratin të ftohtë

Përbërësit

- 500 gr kuark
- 250 ml krem pana
- 1 banane (e prere ne feta)
- 10 luleshtrydhe (të prera në kubikë)
- 10 rrush (i bardhë, i përgjysmuar)
- 1 majë sheqer
- 1 pako krokante
- 1 pako copa bajamesh
- 1 pako sheqer vanilje

përgatitjen

1. Për sallatën e frutave, shpërndani frutat në një tas. Përziejmë kuarkun me kremin e rrahur dhe shtojmë sheqerin. Hidheni përzierjen mbi fruta dhe lëmoni gjithçka.
2. Përzieni copat e bajames, sheqerin e brishtë dhe vaniljen dhe spërkatni fort sipër. Vendoseni në frigorifer për të paktën 60 minuta.

69. Sallatë frutash me quinoa krokante

Përbërësit

- 40 g quinoa
- 0,5 lugë gjelle vaj embrion gruri
- 3 lugë çaji shurup panje
- 125 ml dhallë
- 2 kajsi
- 200 g manaferra (të përziera)

përgatitjen

1. Për gratë shtatzëna dhe gjidhënëse: muesli të përzemërt
2. Quinoa, kokrra të ngjashme me drithërat nga Amerika Qendrore, janë jashtëzakonisht të vlefshme për shkak të përmbajtjes së lartë të proteinave, hekurit dhe kalciumit. Ato janë të vogla dhe kanë një shije shumë të butë. Ngjashëm me Kukuruzin, mund t'i "pushoni". Por sigurohuni që ato të mos errësohen shumë. Sallatën mund ta shtoni me një lugë akullore me vanilje për ëmbëlsirë.
3. E mbulojmë quinoan në një tigan me vaj dhe e ngrohim në zjarr të ngadaltë derisa të shpërthejë. Pas 1 deri në 2 minuta, shtoni

një të tretën e shurupit të panjës dhe skuqeni shkurtimisht, derdhni në një dërrasë të ftohtë dhe përhapeni. Përzieni dhallën me pjesën tjetër të shurupit, transferojeni në një tas. Shpëlajini frutat, pastroni manaferrat, prisni kajsitë në copa. Shpërndani të dyja në mënyrë të barabartë në dhallë. Më pas spërkatni sipër me kuinoan e ftohur.

4. Kuinoa e grirë mund të bëjë gjithashtu akullore të shkëlqyer: ngrini një çerek litër dhallë. Nxirreni nga ngrirja dhe përzieni me 50 g mjaltë dhe 1 majë pluhur vanilje derisa të bëhet krem. Më pas, rrihni 0,2 litra krem pana dhe përzieni shpejt në dhallë. Në fund, përzieni kuinoan e ftohur - të përgatitur siç përshkruhet më sipër - dhe ngrini në frigorifer për të paktën 6 orë. Futeni në frigorifer 30 minuta para ngrënies. Sillni fruta të freskëta ose ndoshta krem pana gjysmë të fortë në tryezë.

70. Sallatë frutash me shurup chachacha

Përbërësit

Shurupi i nenexhikut Chachacha:

- 100 g sheqer
- 200 ml ujë
- 200 ml portokall (lëng)
- 3 mente
- 2 karafil
- 6 lugë çachacha; Schnapps kallam sheqeri të bardhë

Sallate frutash:

- 1 mango 650 g
- 1 papaja 450 g
- 1 ananas 1.5 kg
- 4 tamarillos
- 3 portokall
- 250 g ushtri tokësore
- 125 g rrush pa fara
- 1 frut pasioni
- 3 mente

përgatitjen

1. Për shurupin ziejmë sheqerin me 200 ml ujë, lëngun e portokallit dhe kërcellet e nenexhikut në mënyrë të hapur si shurup. Shtoni karafilin dhe lëreni të ftohet. Shtoni chachacha dhe lëreni të ftohet.
2. Hiqni lëvozhgën nga mango, papaja dhe ananasi për sallatën. Pritini mishin e mangos nga guri. Përgjysmoni papajan dhe hiqni farat me një lugë. Ndani ananasin në katër katërsh dhe hiqni kërcellin. Pritini frutat në copa të madhësisë së një kafshimi. Pritini tamarillon në kërcell, vendoseni në ujë të vluar për 1 minutë, shuajeni dhe qëroni. Pritini frutat në feta 1/2 cm të trasha. Hiqni lëkurën e bardhë të portokallit nga lëvozhga dhe hiqni filetot midis lëkurave të ndara. Lani, kullojini, përgjysmoni ose në katërsh luleshtrydhet. Shpëlajini rrush pa fara, kullojini ato. Përgjysmoni frutin e pasionit.
3. Hiqni nenexhikun dhe karafilin nga shurupi. Përzieni frutat me shurupin, marinojini për 10 minuta. Prisni gjethet e mentes dhe spërkatni mbi sallatën e frutave.

71. Sallatë frutash me salcë likeri

Përbërësit

- 2 banane
- 2 mollë
- 2 lugë gjelle limon (lëng)
- 125 g rrush
- 2 portokall
- 4 kajsi
- 2 lugë sheqer

Për salcën e likerit:

- 1 pako krem i freskët (150 g)
- 3 lugë gjelle Grand Marnier
- 30 g kokrra lajthie

përgatitjen

1. Hiqni lëkurën nga bananet dhe pritini në feta të vogla. Hiqni lëvoren e mollëve, çerek, bërthamën dhe pritini në copa. Spërkatini të dy përbërësit me lëng limoni. Shpëlajeni rrushin, kulloni mirë, hiqni kërcellin, prisni përgjysmë dhe bërthamën. Hiqni lëkurën, hiqni lëkurën e bardhë dhe pritini portokallet në copa. Kajsitë i shpëlajmë, i presim përgjysmë, i presim në thelb dhe i presim në

copa. Përziejini përbërësit me sheqerin dhe formoni në një enë.

2. Për salcën e likerit, përzieni crème fraîche me Grand Marnier, pritini kokrrat e lajthisë në feta të vogla, paloseni dhe hidhni salcën mbi mykun e frutave.

72. Sallatë frutash mesdhetare

Përbërësit

- 3 shegë
- 3 portokall
- 3 grejpfrut (rozë)
- 4 fiq
- kardamom
- 15 ditë sheqer
- 1/4 l lëng frutash, i mbledhur (përndryshe shtoni lëng portokalli)

përgatitjen

1. Për sallatën e frutave mesdhetare, fileto portokallet dhe grejpfrutin: qëroni lëvoren, duke përfshirë lëkurën e brendshme të bardhë, duke mbledhur lëngun. Më pas lironi segmentet e frutave nga membrana e hollë dhe mblidhni lëngun.
2. Hiqni farat nga shegët.
3. Lani me kujdes fiqtë dhe pritini në feta.
4. Shkrini sheqerin (pa yndyrë) në një tenxhere të vogël dhe skuqeni (karamelizoni).
5. Hidhni lëngun e mbledhur, lyeni me kardamom dhe lëreni të ftohet.

6. Shtoni frutat, përzieni me kujdes dhe lëreni sallatën e frutave mesdhetare të marinohet për të paktën 3 orë.

73. Waffles hikërror me sallatë frutash

Përbërësit

- 80 g gjalpë
- 75 g mjaltë akacie
- 2 vezë
- 0,5 bishtaja e vaniljes (pulpë e saj)
- 90 g miell hikërror
- 80 g miell gruri integral
- 1 lugë çaji pluhur pjekje (tartar)
- 150 ml ujë mineral
- 100 gr djathë gjizë
- 50 gr kos (natyral)
- 1 lugë gjelle shurup panje
- 1 mollë
- 1 dardhe
- 250 g manaferra
- Limon (lëng)
- 1 xhenxhefil pluhur

përgatitjen

1. Llojet e miellit të plotë kanë shije veçanërisht të mirë në vaflet e sapopjekur. Ata gjithashtu kalojnë me pak yndyrë. Me pak fjalë: një rostiçeri e shëndetshme midis vakteve.

2. Përzieni gjalpin me mjaltë derisa të bëhet krem. Përzieni vezët dhe tulin e vaniljes. Përziejini të dyja llojet e miellit me pluhurin për pjekje. Përzieni përzierjen në përzierjen e vezëve. Shtoni ujë mineral të mjaftueshëm për të bërë një brumë viskoz. Ziejeni brumin për të paktën 15 minuta. Nëse është e nevojshme, shtoni më shumë ujë mineral dhe më pas piqni vaflet nga 2 deri në 3 lugë derisa brumi të përpunohet. Llokoçis gjizën me kos derisa të bëhet një masë dhe ëmbëlsohet me gjysmën e shurupit të panjës. Lani mollën, dardhën dhe manaferrat. Pritini mollën dhe dardhën, hiqni bërthamën dhe prisni në kubikë. Spërkatini kubet me pak lëng limoni. Zgjidhni manaferrat dhe përziejini me frutat e tjera. Sezoni sallatën e frutave me pjesën tjetër të shurupit të panjeve dhe pluhurin e xhenxhefilit. Përhapni pak djathë gjizë midis dy vaflave që "

3. Nëse nuk keni miell hikërror në shtëpi, mund të përdorni vetëm miell gruri integral.

74. Muesli me një sallatë frutash ekzotike

Përbërësit

- 1 ananas
- 1/2 pjepër Charentais
- 1 mango
- 1 kivi
- 1 papaja
- 8 luleshtrydhe
- Bollgur me grurë të plotë
- Thekon gruri integral
- kornfleks
- Kokrrat e lajthisë
- Arra
- qumësht
- kos
- Djathë me shtresë

përgatitjen

1. Hiqni lëvozhgën nga frutat (në varësi të stinës dhe shijes), hiqni gurët, preni kube dhe përzieni. Sillni përbërësit e mueslit në tavolinë në tas të vegjël pjekjeje sipas dëshirës dhe sillni me produktet e qumështit dhe sallatën e frutave. Nëse dëshironi, mund të ëmbëlsoni gjithçka me mjaltë ose sheqer.

2. Këshillë: Përdorni kos natyral kremoz për një rezultat edhe më të mirë!

75. Sallatë frutash aziatike me petë qelqi

Përbërësit

- 1 portokall
- 1 pako bizele
- 1 pako petë qelqi
- mjaltë
- Gjethe menteje
- 12 lychee
- 0,5 peperoni
- sheqer

përgatitjen

1. Një pjatë e mrekullueshme makaronash për çdo rast:
2. Përzieni gjysmën e peporonit të grirë dhe petët e qelqit të gatuara në sheqer. Sipër vendosim portokallin e filetuar dhe e zbukurojmë me një gjethe nenexhiku.

76. Sallatë frutash pikante

Përbërësit

- 1/2 shalqi (mundësisht pa fara)
- 1 pc. Mango (e butë)
- 250 gr luleshtrydhe
- 150 g feta
- Uthull balsamike (e errët, për shije)
- Piper (i sapo bluar, me ngjyrë, për shije)

përgatitjen

1. Për sallatën me fruta pikante, prisni gjithçka në copa të vogla dhe rregulloni në një pjatë të madhe.

77. Pjepër me lychees dhe ananas

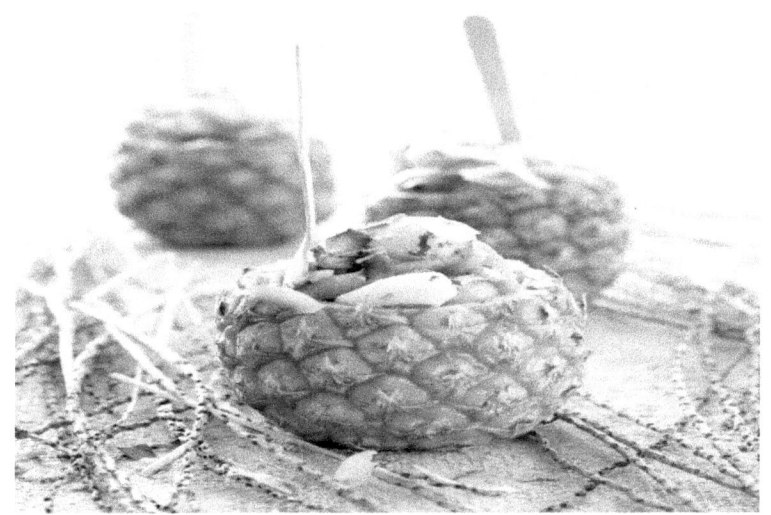

Përbërësit

- 1 copë pjepër sheqeri (i madh ose 1/2 shalqi)
- 1 dozë lychees
- 400 g ananas (ose luleshtrydhe, të freskëta)
- 5 lugë xhenxhefil (i konservuar)
- Nja dy lugë liker frutash

përgatitjen

1. Për pjeprin me lychees dhe ananasin, prisni dhe zgavroni pjeprin për të mbushur sallatën e përfunduar të frutave në tasat.
2. Pritini në kubikë mishin e pjeprit, nëse është e nevojshme edhe frutat e tjera. Hidhni likerin mbi fruta nëse dëshironi.
3. Pritini imët copat e xhenxhefilit dhe përzieni gjithçka. Ftoheni për disa orë.
4. Përpara se t'i shërbeni, hidhni frutat në gjysmën e lëvozhgës së pjeprit dhe shërbejeni pjeprin me lyche dhe ananas.

78. Sallatë me vezë dhe fruta

Përbërësit

- 4 vezë
- 300 g pyka dardhe
- 400 g copa mollë
- 0.3 kg kos
- 2 feta bukë të plotë (të prera në kubikë)
- 2 lugë limoni (lëng)
- 2 lugë mjaltë

përgatitjen

1. Ziejini vezët për sallatën me vezë dhe fruta për 10 minuta, shpëlajini dhe qëroni.
2. Ndani të bardhën dhe të verdhën e vezës. Pritini imët të bardhat e vezëve.
3. Përzieni të verdhat e vezëve me kosin për salcën dhe rregulloni me lëng limoni. Ngrohni mjaltin dhe lyejeni me lustër kubet e bukës me kokërr të plotë.
4. Renditni pykat e mollës dhe dardhës në pjata. Hidhni sipër të bardhën e copëtuar të vezës dhe salcën e kosit dhe spërkatni sallatën me vezë dhe fruta me kubikët e bukës së plotë.

79. Sallatë me dardhë dhe rrush

Përbërësit

- 2 dardha
- 15 ditë rrush blu (pa fara)
- 15 dag rrush i bardhë (i vogël, pa fara)
- 5 ditë lajthi

Salcë:

- 100 ml lëng rrushi (i kuq)
- 1 lugë gjelle lëng limoni
- 3 lugë mjaltë (ose sheqer)
- 1 lugë gjelle grappa

përgatitjen

1. Vendosni lajthitë në një fletë pjekjeje për sallatën me dardhë dhe rrush përafërsisht. 120 ° C derisa të jenë aromatike. Fërkojeni lëvozhgën me një peshqir çaji sa më të nxehtë të jetë e mundur dhe copëtoni arrat.
2. Lani rrushin, hiqni nga hardhitë dhe prisni në gjysmë nëse është e nevojshme.
3. Qëroni dhe këputni dardhat, hiqni bërthamën dhe prisni frutat në kubikë. Spërkateni menjëherë me lëng limoni për të parandaluar që copat të marrin ngjyrë kafe.

4. Përzieni lëngun e rrushit me mjaltë (sheqer) dhe grappa dhe sezoni sipas shijes.
5. Përziejini frutat dhe spërkatni me lëngun.
6. E servirim sallatën me dardhë dhe rrush të spërkatur me lajthitë e grira.

80. Sallatë frutash me kampari

Përbërësit

- 2 grejpfrut (rozë)
- 3 portokall
- 1 dardhe
- 1 mollë
- 3 Campari
- 1 pako sheqer vanilje

përgatitjen

1. Për sallatën e frutave me Campari, fileto grejpfrutin dhe 2 portokall: qëroni lëvoren, duke përfshirë lëkurën e brendshme të bardhë, duke mbledhur lëngun. Më pas lironi segmentet e frutave nga membrana e hollë dhe mblidhni lëngun.
2. Shtrydhni pjesën tjetër të portokallit.
3. Qëroni mollën dhe dardhën, hiqni thelbin dhe priteni në copa.
4. Përzieni lëngun e portokallit dhe grejpfrutit, Campari dhe sheqer vaniljen derisa sheqeri të jetë tretur.
5. Përzieni frutat në një enë dhe derdhni lëngun mbi to.

6. Ftoheni sallatën e frutave me Campari dhe lëreni të ziejë për një orë.

81. Salcë e ëmbël dhe e thartë

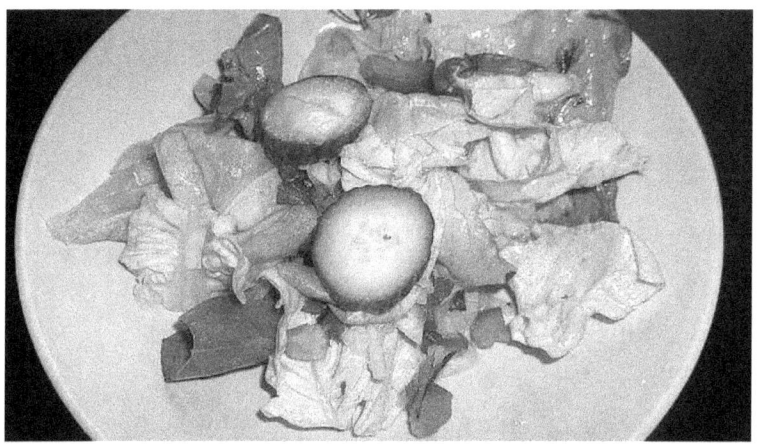

Përbërësit

- 2 qepë (të mesme)
- 250 ml lëng ananasi
- 100 ml uthull
- 3 pika salcë tabasko
- 3 lugë sheqer (kafe)
- 3 lugë gjelle reçel ananasi
- Piper (i freskët i bluar)

përgatitjen

1. Qëroni qepët për salcën e ëmbël dhe të thartë dhe i grini shumë imët.
2. Shkrini sheqerin me lëngun e ananasit në zjarr mesatar. Më pas, shtoni qepët dhe ngrohni. Në fund shtoni salcën e tabaskos, piperin, reçelin dhe uthullën.
3. Nëse është e nevojshme, holloni salcën e ëmbël dhe të thartë me pak ujë.

82. Kremi me vezë

Përbërësit

- 2 te verdha veze
- 50 gram sheqer
- 20 g niseshte misri
- 100 ml qumësht ((1))
- 150 ml qumësht ((2))
- 1 bisht vanilje
- 150 ml krem i trashë (krem pana me yndyrë të reduktuar)
- 100 ml liker veze

përgatitjen

1. Për kremin e vezëve, përzieni misrin, sheqerin, të verdhën e vezës dhe qumështin në një enë pjekjeje për të formuar një krem të butë.
2. Në një tigan, tërhiqni qumështin dhe kokrrën e vaniljes të prerë për së gjati me farat e grira dhe lërini të ziejnë për 10 minuta. Më pas hiqni kokrrën e vaniljes.
3. Qumështin e vaniljes e vendosim sërish në valë dhe e hedhim sipër akullit duke e përzier vazhdimisht. Vendoseni gjithçka përsëri në tigan dhe ngrohni, duke e trazuar,

derisa kremi të fillojë të trashet. Hidhni menjëherë një sitë në një tas të përshtatshëm dhe vendosni një film ngjitës mbi kremin në mënyrë që të mos krijohet lëkura kur të ftohet. Lëreni të ftohet për të paktën 120 minuta.

4. Pak para se ta servirni, rrihni kremin e rrahur me yndyrë të reduktuar derisa të jetë i fortë. Hidhni vezët në krem, më pas përzieni kremin e rrahur. Mbushni kremin e likerit të vezëve në enët e ëmbëlsirës dhe spërkateni me një shtupë kremi ose ndoshta fruta të ëmbëlsuara të grira sipas dëshirës.

83. Parfe rrushi blu me portokall dhe sallatë rrushi

Përbërësit

E përsosur:

- 500 g rrush blu aromatike
- 75 gram sheqer; në varësi të ëmbëlsisë së rrushit
- 100 ml lëng portokalli (i freskët i shtrydhur)
- 100 g sheqer
- 4 te verdha veze
- 500 ml krem pana

Sallate frutash:

- 200 g rrush
- 200 g rrush
- 2 portokall; të filetuara
- 2 lugë gjelle liker portokalli
- 4 lugë gjelle bajame (thekonja)

përgatitjen

1. Vendosni rrushin, sheqerin dhe lëngun e portokallit në një tenxhere për parfe. Ngroheni duke e përzier derisa rrushi të shpërthejë. Grini rrushin sa më shumë që të

jetë e mundur. Përhapeni gjithçka në një sitë, mblidhni lëngun dhe lëreni të ftohet.
2. Rrihni të verdhat me sheqerin dhe 50 ml lëng rrushi në një banjë me ujë të nxehtë derisa të jenë të trasha dhe kremoze, më pas i rrahim në ujë të ftohtë. Përzieni pjesën tjetër të lëngut të rrushit. Rrihni kremin e rrahur derisa të jetë i fortë dhe përzieni. Vendoseni gjithçka në një kavanoz plastik që mbyllet dhe ngrini për një natë.
3. Për sallatën e frutave, shpëlajeni, përgjysmoni dhe grijeni rrushin. Më pas fileto portokallet duke mbledhur lëngun. Përziejmë lëngun me likerin e portokallit dhe marinojmë shkurt gjysmat e rrushit dhe filetot e portokallit.
4. Për ta servirur vendosni në një pjatë toptha të parfetit të rrushit, pranë saj pak sallatë rrushi dhe portokalli. E spërkasim marulen me thekon bajamesh të thekura.

84. Terrine djathi me arra

Përbërësit

- 100 gr arra (të copëtuara)
- 200 gr mascarpone
- 2 vezë
- 2 te verdha veze
- 30 ml calvados
- 50 gr karota
- 2 dardha
- 20 g sheqer
- 20 ml qershi

përgatitjen

1. Përziejini arrat me mascarponen, vezët, të verdhat e vezëve dhe kalvados dhe vendosini në një enë kundër furrës. Më pas piqni në furrë në 200°C për gjysmë ore të mirë. Për sallatën e frutave, qëroni dhe grini karotat dhe dardhat. Më pas përzieni me sheqerin dhe qershinë. Në fund, hapni terin e djathit dhe sillni në tryezën me sallatën.

85. Sallatë ndërmjetësi

Përbërësit

- 2 lugë mjaltë
- 8 mente (gjethe)
- 1/2 pako me arra pishe
- sheqer pluhur
- 2 limonë (lëngu i tij)

përgatitjen

1. Për sallatën e medlarëve, qëroni dhe bërtitni medlarët, i prisni në copa të vogla dhe i rregulloni me pak mjaltë dhe lëng limoni. Përzieni gjysmën e arrave të pishës.
2. Më pas vendoseni në një gotë ëmbëlsirë. Shpërndani sipër arrat e pishës, pudrosni me sheqer pluhur dhe dekorojeni sallatën e medlarës me gjethe nenexhiku.

86. Veshje franceze

Përbërësit

- 0,5 tufë kervile
- 0,5 tufë tarragon
- 2 gjethe lozhë (të freskëta)
- 2 degë (a) majdanoz
- 1 lugë çaji kripë
- 0,5 lugë kripë selino
- 1 vezë (e zier fort)
- 4 lugë gjelle vaj
- 1 lugë çaji mustardë (e nxehtë)
- 6 lugë gjelle uthull
- 1 pjesë e grumbulluar kuarku
- 2 lugë majonezë
- 4 lugë krem pana (i freskët)

përgatitjen

1. Pasi të jenë ftohur, shpëlajini barishtet, qëroni përafërsisht dhe hiqni kërcellet. Bëjini pure gjethet me kripë dhe kripë selino në një pure (ose bëni pure nga 1/2 lugë çaji me kërpudha të thata dhe tarragon) dhe një majë të mirë lozhë të thatë me majdanoz të freskët, kripë dhe 1 pikë ujë dhe lëreni për 2 orë).

2. Nxirreni vezën nga lëvozhga dhe formoni të verdhën në formë pureje barishtore. Shtoni përbërësit e mbetur. Rrihni gjithçka me kamxhik derisa të jetë e njëtrajtshme, por jo kremoze. Prisni të bardhën e vezës në copa të vogla dhe përzieni në fund.
3. Nëse ju pëlqen, mund të përzieni 1-2 lugë ketchup të stilit amerikan.
4. Salca është e përshtatshme për sallata me mish, sallame, perime të ftohta si domate, lulelakër, shparg, zemra angjinare, për proshutë të zier dhe vezë të ziera.
5. Sallatë me selino, të gatuara, langoustine, avokado, çikore, salcë, sallata frutash, ftohje, gjuhë, sallam

87. Sallatë me harengë frutash

Përbërësit

- 8 copë fileto harenge (të dyfishta, turshi të lehta)
- 2 portokalli
- 1 pc. Mango (e pjekur)
- Për marinadën:
- 1 tufë kopër
- 1 portokall
- 1 majë sheqer
- piper
- kripë
- 2 lugë krem pana
- 150 gr krem kremi
- 100 ml krem pana (i rrahur derisa të jetë i fortë)

përgatitjen

1. Pritini filetat e harengës në copa 2-3 cm të gjata.
2. Qëroni dhe çerek dy portokall dhe pritini në copa të trasha. Qëroni mangon dhe copëtoni mishin nga guri. Lini mënjanë disa fruta për garniturë. Pjesët e mbetura të frutave përzieni me copat e harengës.

3. Fillimisht, marinada hiqni flamujt e koprës, duke marrë rreth 2 lugë gjelle për zbukurim. Shtrydheni portokallin. Përzieni lëngun e portokallit me sheqerin, piperin, kripën, rrikën dhe kremin. Përzieni kremin e rrahur dhe në fund përzieni koprën.
4. Përzieni përzierjen e frutave dhe peshkut me marinadën dhe lëreni të piqet. Zbukuroni sallatën me harengë me pjesën tjetër të frutave dhe flamujt e koprës përpara se ta shërbeni.

88. Akullore me salce fasule dhe sallate frutash

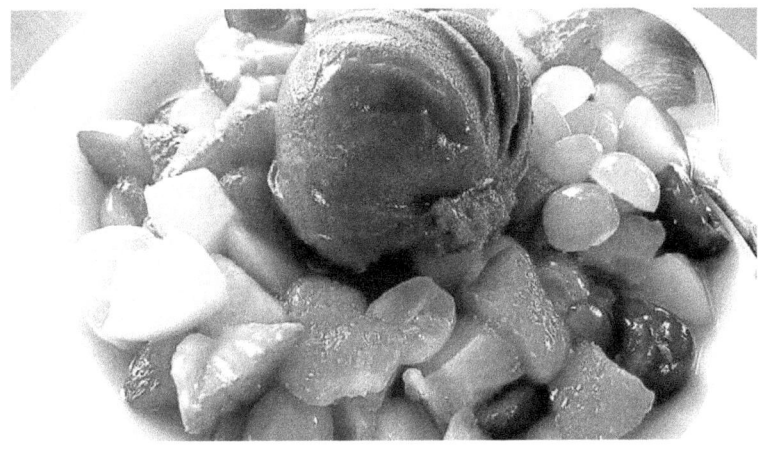

Përbërësit

- 8 grushta të bardha veze (ose akull të grimcuar)
- Pastë fasule (e kuqe)
- 250 ml shurup sheqeri
- 3 lugë gjelle qershi amaretto (për zbukurim)
- Për sallatën e frutave:
- Fruta (p.sh. pjeshkë, luleshtrydhe, sipas dëshirës)
- Lëng limoni
- sheqer

përgatitjen

1. Përzieni pastën e fasules me shurupin e sheqerit për akulloren me salcën e fasules dhe sallatën e frutave. Së pari, derdhni pak borë akulli në një gotë vere. Më pas vendosni sipër një lugë të vogël pastë fasule dhe një lugë gjelle sallatë frutash. E zbukurojmë me qershi amaretto dhe e shërbejmë.

89. Oriz luleshtrydhe në sallatë frutash

Përbërësit për 2 porcione

- 500 gr fruta të freskëta (për shije)
- 0,5 gota krem pana
- 3 lugë luleshtrydhe Mövenpick
- 5 pika lëng limoni

përgatitjen

1. Lani, qëroni dhe prisni frutat, vendosini në një pjatë dhe spërkatini me lëng limoni.
2. Vendosni akulloren me luleshtrydhe mbi sallatën e frutave.
3. Dekorojeni me krem pana dhe akullore.

90. Sallatë frutash me avokado dhe kos

Përbërësit

- 1 mollë
- 1 avokado
- 1/2 mango
- 40 gr luleshtrydhe
- 1/2 limon
- 1 lugë mjaltë
- 125 g kos natyral
- 2-3 lugë gjelle copa bajamesh

përgatitjen

1. Fillimisht, për sallatën e frutave me avokado dhe kos, lani mollën dhe hiqni thelbin dhe kupat. Më pas, thërrisni avokadon dhe mangon dhe prisni gjithashtu në kubikë. Lani luleshtrydhet dhe pritini në gjysmë. Në fund, hapni limonin dhe nxirrni lëngun nga gjysma.
2. Përzieni mirë kosin natyral dhe mjaltin. Hidhni përbërësit e prerë në një tas më të madh dhe shtoni përzierjen e mjaltit dhe kosit. Sallatën e frutave me avokado dhe kos, e spërkasim me bajame dhe e shërbejmë.

91. sallatë e thjeshtë frutash

Përbërësit

- 1/2 papaja e copëtuar
- 1/2 pjepër të copëtuar
- 1 mollë e madhe e copëtuar
- 2 banane
- 3 lëng portokalli

përgatitjen

1. Lani mirë të gjitha frutat. Nëse keni dyshime, lexoni artikullin tonë për dezinfektimin e duhur të frutave dhe perimeve.
2. Hiqni lëvozhgën dhe farat e papajës.
3. Pritini në katrorë.
4. Hiqni lëvozhgën dhe farat nga pjepri.
5. Pritini në katrorë.
6. Përgjysmoni bananet dhe më pas prisni në katrorë.
7. Shtrydhni portokallet për të nxjerrë lëng, kullojini për të hequr farat dhe lërini mënjanë.
8. Prisni mollën dhe hiqni vetëm bërthamën. Mbajeni tasin.

9. Përziejini butësisht të gjitha frutat përveç bananes në një tas të madh.
10. Lyejeni përzierjen me lëngun e portokallit.
11. Nxirreni nga frigoriferi për rreth 30 minuta.
12. Shtoni bananet pak para se t'i shërbeni.

92. sallatë frutash tradicionale

Përbërësit

- 2 kuti me luleshtrydhe
- 1 papaja e prerë në feta pa lëkurë ose fara
- 5 portokall te prere ne feta
- 4 mollë
- 1 ananas
- 5 banane të copëtuara
- 3 kanaçe qumësht të kondensuar (mund të jetë pa laktozë)
- 3 kremra (mund të jenë pa laktozë)

përgatitjen

1. Lani mirë frutat.
2. Hiqni të gjitha bishtajat dhe farat.
3. Pritini ananasin në feta dhe më pas prisni në kubikë.
4. Pritini mollët në katrorë.
5. Pritini bananet në feta pak më të trasha dhe lërini mënjanë.
6. Pritini në feta papaja dhe farat e qëruara.
7. Vendosni të gjitha frutat në një tas të madh.

8. Shtoni qumështin e kondensuar dhe kremin dhe i përzieni butësisht që frutat të mos prishen.
9. Ftoheni për 1 orë.
10. Shërbejeni të ftohur!

93. sallatë frutash kremoze

Përbërësit

- 4 mollë
- 4 kivi
- 3 banane argjendi
- 1 papaja e madhe
- 1 kuti me luleshtrydhe
- 1 kanaçe pjeshke në shurup
- 1 kanaçe salcë kosi
- 1 kanaçe qumësht i kondensuar

përgatitjen

1. Lani të gjitha frutat.
2. Hiqni kokrrat dhe gropat nga gjethet e mollëve, kivit, papajës dhe luleshtrydhes.
3. Pritini të gjitha frutat në katrorë.
4. Përziejini butësisht frutat në një tas.
5. Rrihni kremin dhe qumështin e kondensuar me një mikser elektrik ose me ndihmën e një fouet në një pastë kremoze.
6. Shtoni frutat pastën e rrahur dhe përziejini edhe pak.
7. Shtoni në shurup pjeshkën, gjithashtu të grirë imët. Shijoni pak shurup për të shtuar aromë dhe për të lagur sallatën.

8. Hidhni pjesën tjetër të kremit dhe pastën e qumështit të kondensuar mbi përzierjen e përfunduar.
9. Vendoseni në një vend të freskët dhe lëreni të pushojë për rreth 1 orë.
10. Shërbejeni të ftohtë!

94. Sallatë frutash me qumësht të kondensuar

Përbërësit

- 5 mollë
- 5 banane
- 3 portokall
- 15 rrush të përgjysmuar pa fara
- 1 papaja
- 1/2 pjepër
- 4 guava
- 4 dardha
- 6 luleshtrydhe
- 1 kanaçe qumësht i kondensuar

përgatitjen

1. Lani mirë frutat.
2. Rezervimet.
3. Hiqni farat dhe bishtajat, kërcellet dhe gjethet.
4. Në një enë presim të gjitha frutat në katrorë.
5. Përziejini butësisht derisa gjithçka të përzihet në mënyrë të barabartë.
6. Shtoni qumështin e kondensuar dhe vendoseni në frigorifer për rreth 1 orë.

7. Shërbejeni të ftohur ose në temperaturë ambienti.

95. Sallatë frutash me salcë kosi

Përbërësit

- 3 banane
- 4 mollë
- 1 papaja e vogël
- 2 portokall
- 10 luleshtrydhe
- 15 rrush sipas zgjedhjes suaj
- 1 kanaçe me krem të rëndë (mund të jetë pa laktozë)
- 1/2 filxhan sheqer (opsionale)
- Këshillë shtesë: nëse dëshironi, mund ta ëmbëlsoni me pak mjaltë.

përgatitjen

1. Lani mirë frutat.
2. Hiqni bishtajat dhe farat.
3. Pritini ato në copa të vogla, mundësisht katrore.

4. Vendosni frutat në një tas.
5. Pritini të gjitha frutat në copa të vogla dhe vendosini mënjanë në një tas.
6. Rrihni kremin e trashë (nëse dëshironi me sheqer) në blender për rreth 1 minutë.
7. Hidhni kremin e rrahur në tasin me frutat dhe përzieni butësisht derisa gjithçka të përzihet mirë.
8. Vendoseni në një vend të freskët dhe shërbejeni të ftohur.

96. Sallatë frutash që përputhet

Përbërësit

- 1 filxhan manaferra
- 4 portokall të vegjël
- 1 filxhan çaj luleshtrydhe
- 1/2 filxhan çaj rrushi sipas zgjedhjes suaj
- 1 lugë çaji mjaltë
- 2 lugë lëng portokalli natyral;
- 1/4 e tenxheres me kos grek

përgatitjen

1. Dezinfektoni të gjitha frutat.
2. Hiqni lëvozhgën dhe farat (përveç rrushit).
3. Hidhni të gjitha frutat dhe kosin grek në një tas.
4. Përziejini butësisht derisa gjithçka të përzihet.
5. Hidhni mjaltë mbi sallatën e frutave dhe vendoseni në frigorifer.
6. Nxirreni dhe shërbejeni!

97. Sallatë frutash gustator

Përbërësit

- 1/2 papaja
- 1/2 filxhan çaj luleshtrydhe
- 1 portokall
- 1 mollë
- Mjaltë për shije

Për salcën:

- 2 lugë lëng portokalli
- 1/2 tenxhere kos i thjeshtë me vakt të plotë (mund të jetë pa laktozë)
- 4 gjethe mente të grira

përgatitjen

1. Pasi të keni dezinfektuar të gjitha frutat, hiqni lëvozhgën, farat dhe gjethet.
2. Pritini në katrorë të vegjël dhe vendosini në një tas të madh.
3. Në një enë tjetër bashkoni kosin, lëngun e portokallit dhe gjethet e mentes.
4. Hidheni salcën në tasin e frutave, përzieni butësisht.
5. Sallatën e frutave e ndajmë në enë të vogla dhe e vendosim në frigorifer.

6. Shërbejeni me gjethe nenexhiku dhe mjaltë për dekorim.

98. Sallatë frutash me salcë kosi

Përbërësit

- 500 gr luleshtrydhe
- 2 lugë sheqer
- 0,5 sharantais ose pjepër mjaltë
- 200 g kumbulla p.sh. blu dhe të verdha
- 4 lugë gjelle lëng limoni (ose lëng limoni)
- 1 filxhan (236 ml) ananas i prerë në feta
- 150 g kos krem
- 1 pako sheqer vanilje
- Ndoshta pak mente të freskët

përgatitjen

1. Shpëlajini dhe pastroni luleshtrydhet dhe përgjysmoni ose çerek sipas madhësisë. Spërkateni me sheqer në një tas pjekjeje. Mbulojeni dhe vizatoni për rreth 15 minuta.
2. Pjeprin e grijmë dhe e presim në copa. Pritini mishin nga lëkura. Shpëlajini kumbullat dhe pritini në copa nga guri. Spërkateni me limon ose lëng limoni. Përziejini përbërësit e përgatitur.
3. Për salcën e ananasit, priteni në kubikë përveç 1 fetë dhe grijeni me lëngun. Hidhni

në të jogurtin dhe sheqer vaniljen. Në formën e sallatës së frutave.

4. Pritini pjesën tjetër të ananasit në kubikë. Prisni nenexhikun nëse dëshironi. I spërkasim të dyja mbi marule.

99. Sallatë frutash me salcë kosi vanilje

Përbërësit

Fruta:

- 2 mollë
- 1 banane
- Lëng 1/2 limoni
- 2 portokall

Salcë:

- 1 e bardhe veze
- 2 lugë sheqer
- 1 bisht vanilje
- 75 g kos
- 1 e verdhe veze
- 100 gr krem pana

përgatitjen

1. Pritini mollët në feta, bananen në feta dhe spërkatini me lëngun e një limoni. Pritini portokallet në copa. Shpërndani frutat në mënyrë të barabartë në katër pjata.
2. Rrihni të bardhën e vezës derisa të jetë e fortë, spërkatni me sheqer për salcën. Fushat e vaniljes. Hiqeni, përzieni me kos

dhe të verdhën e vezës. Rrihni kremin e rrahur derisa të jetë i fortë, paloseni me të bardhën e vezës. Në formën e frutave.

100. Sallatë frutash e shpejtë

Përbërësit

- 1 mollë (e mesme)
- 1 banane
- 1 grusht rrush
- disa luleshtrydhe
- disa qershi (me kokrra)
- 1 kanaçe (e) koktej frutash
- limon
- Sheqer kallami (nëse është e nevojshme)

përgatitjen

1. Për sallatën e shpejtë të frutave, lani, prisni dhe thërrmoni frutat nëse është e nevojshme. Spërkatini bananet me lëng limoni për të mos marrë ngjyrë kafe.
2. Hidhni gjithçka në një tas me koktejin e frutave dhe rregulloni me sheqer kallami dhe sheqer vanilje.

PËRFUNDIM

Ndërsa përfundojmë "Fruta Fusion: A Vibrant Fruit Salad Cookbook", shpresojmë që të keni shijuar këtë udhëtim në botën e sallatave të frutave të freskëta dhe të lezetshme. Nga kombinime të thjeshta që i lejojnë frutat të shkëlqejnë më vete deri te përzierjet më komplekse që kënaqin sythat e shijes, ju keni mësuar se si të krijoni pjata të shëndetshme dhe vizualisht mahnitëse.

Sallatat e frutave ofrojnë një mënyrë fantastike për të rritur përvojën tuaj të ngrënies së frutave, duke e bërë atë më të këndshme dhe emocionuese. Me gamën e gjerë të frutave në dispozicion, mundësitë për të krijuar sallata frutash unike dhe të shijshme janë vërtet të pafundme.

Ne ju inkurajojmë që të vazhdoni të eksploroni fruta të reja, të eksperimentoni me shije dhe të provoni salcë dhe shtesa të ndryshme për të krijuar sallatat tuaja të frutave të njohura. Bukuria e këtij libri gatimi qëndron në fleksibilitetin që ofron, duke ju lejuar të përshtatni dhe personalizoni çdo recetë sipas preferencave tuaja.

Mos harroni, sallatat e frutave nuk kanë të bëjnë vetëm me shijen; ato janë një festë e mirësisë së natyrës dhe një mënyrë e lezetshme për të përfshirë më shumë vitamina, antioksidantë dhe fibra në dietën tuaj.

Shpresojmë që "Fruta Fusion: A Vibrant Fruit Salad Cookbook" t'ju ketë frymëzuar të përqafoni bujarinë e frutave të freskëta dhe t'i bëni ato një pjesë të rregullt të aventurave tuaja të kuzhinës. Pra, nëse jeni duke shijuar një sallatë frutash në një ditë me diell ose duke e ndarë atë me njerëzit e dashur në një mbledhje të veçantë, çdo kafshatë mund t'ju sjellë më afër natyrës dhe një mënyrë jetese më të lumtur dhe më të shëndetshme.

Këtu keni krijime më shumëngjyrëshe, freskuese dhe të shijshme me sallatë frutash në të ardhmen tuaj. Gëzuar përgatitjen e sallatës së frutave!

Rigjeneroni përgjigjen